평강의 주께서

친히

때마다 일마다

평강을 주시기를 기도하며

특별히

_____님께

드립니다.

이동원 목사 성경인물 강해설교

아브라함

믿음의 뿌리가 된 사람

이 동 원 목사 지음

도서출판 나침반社

종합선교 - 나침반 출판사 / 그리스도인들의 성장을 돕습니다.

1110 - 616 서울 · 광화문 우체국 사서함 1641호 ☎(02)2279-6321~3/주문처(02)2606-6012~4

• • •

COMPASS HOUSE PUBLISHERS

A DIVISION OF NACHIMVAN (=COMPASS) MINISTRIES
KWANGHWAMOON P. O. BOX 1641, SEOUL 110-616, KOREA

믿음의 뿌리가 된 사람, 아브라함

알렉산더 헤일리 (A. Haley)의 『뿌리』 이후
세계는 새로운 뿌리의식을 갖기 시작하였습니다.
그리스도인들의 믿음의 뿌리는 아브라함입니다.
아브라함의 믿음이 우리의 믿음의 뿌리가 되었고,
아브라함의 의 (義)가 우리의 의의 뿌리가 되었고,
아브라함의 복 (福)이 우리의 복의 뿌리가 되었습니다.

아브라함의 밤과 낮, 그의 욕과 영광은
바로 우리의 절망과 재기의 모델이 되기에 족합니다.
왜냐하면 같은 뿌리의 믿음을 지닌 그의 경험은
바로 우리네의 그것과 동질의 경험이기 때문입니다.
그러므로, 아브라함의 삶을 성찰하는 누구나
자기의 거울 앞에 섭니다.

그가 울고 웃고 간 길의 사연 앞에
고통과 흥분의 경악을 지니고 서서
우리 모두가 물어야 할 숙연한 질문들이 있습니다.
이 많은 지구촌의 주민 가운데 내가 하필 선택된 이유는?
그럼에도 불구하고 나를 버리지 않고 내게 말씀하시는 이유는?

저 모리아의 산상에 오르기까지는
우리는 쉬운 대답의 유혹을 버려야 합니다.
거기서 나는 이 믿음의 조상의 가능성으로 인해
나의 가능성을 축복하며
나를 포기하지 않는 이유를 발견합니다.

주후 1989년 가을

이동원

차   례

1
믿음의 뿌리 아브라함

"여호와께서 아브람에게 이르시되 너는 너의 본토 친척 아비 집을 떠나 내가 네게 지시할 땅으로 가라 내가 너로 큰 민족을 이루고 네게 복을 주어 네 이름을 창대케 하리니 너는 복의 근원이 될지라 너를 축복하는 자에게는 내가 복을 내리고 너를 저주하는 자에게는 내가 저주하리니 땅의 모든 족속이 너를 인하여 복을 얻을 것이니라 하신지라"(창 12 : 1~3).

"사랑"을 어떻게 정의(定義)할 수 있습니까?
"사랑"이라는 단어가 우리에게 가장 익숙한 단어이면
서도 막상 "사랑"이라는 단어에 대한 정의를 요구받게
되면 그리 쉽지가 않습니다. "사랑"을 정의하는 대신에 "예수께서 십
자가에서 우리에게 보여주신 것"이라고 말하면 우리는 쉽게 이해할
수 있습니다. 혹은 "수녀 성(聖) 테레사가 인도에서 온 몸을 바쳐 봉
사하는 삶"이라고 설명을 하면 우리는 보다 쉽게 이 "사랑"이라는 단
어에 접근할 수 있습니다. 다시 말하면, 그 단어가 대표하는 삶을 살
고 있는 한 인물이나 보기를 들어 설명할 때 우리는 그 단어의 의미
를 좀더 쉽게 접근할 수 있습니다.

　"충신"이란 무엇입니까?
"나라를 위해서 삶을 바친 사람"이라고 정의해도 됩니다만 "이순신
장군과 같은 사람"이라고 하면 더 쉽게 이해가 됩니다.
　"믿음"이란 어떤 것입니까?
우리는 이 질문에 대한 대답을 참 믿음으로 삶을 살았던 한 사람의
생애를 통해서 추적하려고 합니다. 그 인물이 바로 『아브라함』입니
다. 다시 말하면, 아브라함은 믿음이 어떤 것인가를 보여준 최초의
본보기가 된 사람이라고 할 수 있습니다.

1. 믿음의 인물 아브라함

성경은 아브라함을 "믿는 모든 자의 조상"이라고 기록합니다(롬
4:11). 신약성경의 첫장은 아브라함과 더불어 시작이 됩니다.
"아브라함과 다윗의 자손 예수 그리스도의 세계(世系)라"(마 1:1).
그리고 바울 사도는 오늘을 살고 있는 그리스도인들은 아브라함의
영적인 후손이며, 또한 아브라함이 받았던 복이 우리의 복이 된다고
설명하고 있습니다(갈 3:16). 심지어 하나님은 어떤 분이신가를 말
할 때 성경은 "아브라함의 하나님 이삭의 하나님 야곱의 하나님"이라

고 해서 "아브라함의 하나님"이 "우리의 하나님"이라고 설명합니다.

아브라함에게 붙여진 많은 별명들이 있지만 그 중에서도 가장 영광스러운 별명은 "하나님의 벗, 하나님의 친구"라는 별명입니다. 신약성경은 『아브라함』이라는 이름을 무려 일흔네 번에 걸쳐서 언급합니다. 그런 의미에서 확실히 아브라함은 신앙의 본보기가 된 사람입니다.

그런데 이 "본보기"라는 말에 우리가 너무 지나친 의미를 부여하는 것은 조금 조심할 필요가 있습니다. "신앙의 본보기"라는 말을 할 때 신앙적으로 굉장히 훌륭했던 사람이라는 정의를 내려놓으면 신앙이 '굉장히' 훌륭하지 못한 우리는 신앙이 '굉장히' 훌륭한 아브라함과 질적인 차이를 느끼게 됩니다. 그래서 '나는 도저히 아브라함을 따라갈 수가 없다'는 결론을 쉽게 내릴 경우가 있습니다. 그렇게 되면 아브라함의 삶의 진정한 실체나 믿음의 참된 실체를 이해하는 일이 오히려 어려워질 수가 있습니다.

폴 투니어(Paul Tournier)라는 심리학자는 인간을 이해하는 데에 가장 장애가 되는 장벽은 소위 "가면과 같이 그 사람에게 붙여진 언어"라고 지적했습니다. 어떤 사람에게 지나치게 필요 이상으로 그를 설명하는 의미가 붙여질 때 그의 참 모습을 보기 어려워진다는 이야기입니다. 예를 들어서 저 사람은 "성자(聖者)와 같다"는 말이 붙여지면 그의 진짜 모습을 이해하는 일이 오히려 가려질 수가 있다는 이야기입니다.

사실 인간 이해에 있어서 "성자"나 "영웅"이나 "천재"라는 단어가 꼭 적절한 명칭이라고는 생각되지 않습니다. 그래서 기성 세대의 가치관에 반항하는 젊은이들은 이런 언어 속에 감추어진 인간의 진실을 오히려 역(逆)으로 고발하기 위해서 이런 풍자적인 해석을 붙입니다. "성자"하면 그 뜻을 그대로 설명하는 것이 아니라 "성스럽게 자

기 기만을 하는 자"로, "영웅"하면 "영락없이 웅덩이에 빠지는 사
람"으로, 그리고 "천재"하면 "천하에 재수없는 사람"으로 해석을 합
니다. 이 단어들 속에 감추어지는 인간의 실상을 파헤치기 위한 젊은
이들의 하나의 풍자라고 생각이 됩니다. 이런 단어들에 종종 인간을
오해하게 하고 참 모습을 가리우게 하는 가능성이 참으로 많습니다.

　타이틀도 마찬가지입니다. 아브라함이 믿음의 본보기였다는 말이
아브라함이 우리와는 다른 특별히 위대한 믿음을 가졌던 사람으로
해석된다면 우리는 아브라함에게서 아무것도, 배우기를 원하지만 오
히려 아무것도 배우지 못하는 역설적 결과를 초래할 수 있습니다. 아
브라함의 삶을 있는 그대로 조명하고 있는 것이 『성경』입니다. 그래
서 저는 성경을 좋아합니다. 성경에 나타난 어떤 사람도 신격화되지
않습니다. 성경은 있는 그대로의 인간을 조명합니다. 성경에는 특별
한 인물이 없습니다. 성경에는 진짜 보통 사람들만 등장합니다. 아브
라함은 그런 보통 사람들 중의 한 사람이었을 따름입니다.

　그런데 아브라함의 삶을 연구할 때 성경에서 대표적으로 읽히는
구절이 하나 있습니다.
"믿음으로 아브라함은 부르심을 받았을 때에 순종하여 장래 기업으
로 받을 땅에 나갈새 갈 바를 알지 못하고 나갔으며"(히 11:8).
이 구절을 생각할 때마다 우리는 아브라함이 얼마나 믿음과 순종에
있어서 우리의 모본이 되었는가를 생각합니다. '하나님이 약속의 땅
으로 가라고 명령하시니까 그 땅에 대한 사전 지식도 없이 순전히 하
나님이 말씀하셨다는 사실 하나만을 믿고 모든 것을 정리하고 떠나
간 아브라함, 그는 얼마나 믿음의 사람인가? 얼마나 놀라운 순종의
사람인가?'라고 우리는 보통 생각합니다. 그러나 이 말씀이 증거하
고 있는 아브라함의 믿음은 사실 나중에 그의 삶을 총괄 정리하면서
본 믿음이지 처음부터 그의 생애 속에 나타난 믿음은 아니라는 점을
주목해서 볼 필요가 있습니다. 이 말씀 속에는 아브라함이 그 믿음과

순종에 도달하기 위해서 얼마나 많은 갈등을 겪었는지 그 과정이 설명되어 있지 않습니다.

들으면 제가 제일 기가 죽는 말 가운데 하나가 이런 것입니다.
"목시님, 한경직 목사님 같은 분이 되십시오."
이런 말을 들을 때면 희망이 없어 보입니다. 내 속에서 별로 그렇게 될 만한 요소를 볼 수 없기 때문입니다.
더 저를 기죽일 수 있는 말은 이 말입니다.
"주기철 목사님처럼 되십시오."
저는 맨발로 못판을 걸어갈 순교자적 용기도 자질도 도무지 없다고 생각합니다.
"손양원 목사님처럼 되십시오."
문둥병자와 함께 살았던 사람, 사랑의 원자탄, 제가 어떻게 그런 사람이 될 수 있겠습니까?
그러나 그렇게 제시하지 마시고 "손양원 목사님도 인간으로서 많은 갈등과 약점이 있었지만 그럼에도 불구하고 마침내 하나님의 은혜로 놀랄 만한 분이 되실 수 있었습니다"라는 과정을 보여주시며 저를 격려하시면 희망이 있는 것입니다.

다시 말하면, 우리는 그 사람이 그 사람 되기까지의 과정을 무시한 채 결론에서부터 그 사람을 볼 때에 종종 절망을 느낍니다.
'내가 어떻게 아브라함과 같은 사람이 될 수 있겠는가?'
그래서 우리는 아브라함의 생애를 추적할 때에 나중에서부터 보는 것이 아닙니다. 처음부터 보는 것입니다.
처음부터 보는 아브라함은 그렇게 특별한 사람이 아닙니다. 우리처럼 신앙의 문제에 관해서 많은 갈등과 약점과 어려움을 경험합니다. 그러나 그는 그 갈등과 몸부림을 통해서 마침내 우리의 믿음의 본보기가 되었습니다. 이럴 때 문제는 달라집니다.

아브라함이 처음 하나님의 부르심을 받고 갈대아 우르를 떠나 가
나안에 들어가는 그 장면에서 우리는 아브라함이 얼마나 보통 사람
이었는가를 발견하게 됩니다. 이 첫번째 무대에 나타난 아브라함의
인상을 조명하면서 우리는 다음의 사실에 관심을 갖도록 하십시다.
먼저 아브라함의 온전하지 못했던 순종입니다. 다음은 이 아브라함
을 향해서 하나님이 참으셨던 하나님의 오래 참으심입니다. 마지막
으로 아브라함의 온전하지 못했던 순종 때문에 그가 지불해야만 했
었던 대가입니다.

2. 온전하지 못한 순종

본문의 시작은 하나님이 아브라함에게 말씀하시는 것입니다.
"여호와께서 아브람에게 이르시되 너는 너의 본토 친척 아비 집을 떠
나 내가 네게 지시할 땅으로 가라"(창 12:1).
그래서 우리는 그 말씀을 받고 아브라함이 즉시로 갔다는 생각을 하
기가 쉽습니다. 그러나 4 절을 보십시오.
"이에 아브람이 여호와의 말씀을 좇아 갔고…."
그는 이 말씀을 하나님의 말씀으로 믿었습니다. 그 말씀을 믿고 가나
안 땅을 향해서 출발을 시작한 것은 사실입니다. 그러나 이 본문만
가지고는 아브라함이 어떻게 이 말씀 앞에 순종했고 믿음으로 떠났
는가를 자세히 알 수 없습니다. 본문의 전후 문맥을 살펴봄으로 해서
우리는 좀더 깊이 아브라함이 떠났던 실상을 짐작할 수 있습니다.

① 조카 롯을 데리고 떠남

1 절에는 "본토 아비 집을 떠나 내가 네게 지시할 땅으로 가라"고 기
록되어 있습니다. 그러나 이 말씀을 사도행전과 비교해 보시기 바랍
니다. 먼 훗날 사도행전의 기자는 이 아브라함의 사건을 돌이켜 조명
하면서 좀더 자세히 아브라함이 이 첫번째 명령을 받았던 상황을 우

리에게 보여 줍니다.

"대제사장이 가로되 이것이 사실이냐 스데반이 가로되 여러분 부형들이여 들으소서 우리 조상 아브라함이 하란에 있기 전 메소보다미아에 있을 때에 영광의 하나님이 그에게 보여 가라사대 네 **고향과 친척을 떠나** 내가 네게 보일 땅으로 가라 하시니"(행 7:1 ~ 3).

여기에서 "고향과 친척을 떠나"라는 말을 주목해서 보십시오.

그런데 아브라함이 과연 자기의 친척을 다 버리고 떠난 것으로 창세기에 기록되어 있습니까?

다시 창세기 12 장으로 돌아와서 보십시오.

"이에 아브람이 여호와의 말씀을 좇아 갔고 롯도 그와 함께 갔으며…"(창 12:4).

조카 롯도 그와 함께 떠났습니다. 이것은 하나님의 말씀에 대한 불순종입니다. 떠나기는 했지만 친척을 다 버리고 떠난 것은 아니었습니다. 이 온전하지 못한 순종을 보십시오.

아브라함의 생애를 계속 추적하면, 이 온전하지 못했던 순종 때문에 아브라함이 그의 삶에서 얼마나 고생하는가를 발견하게 될 것입니다. 창세기 11 장의 마지막 부분인 31 절의 말씀을 보십시오.

"데라가 그 아들 아브람과 하란의 아들 그 손자 롯과 그 자부 아브람의 아내 사래를 데리고 갈대아 우르에서 떠나 가나안 땅으로 가고자 하더니."

아브라함이 혼자 간 것이 아니라 굉장히 많은 사람들을 데리고 떠났던 모습을 여기에서 볼 수 있습니다.

그러나 이런 성경 구절을 보고 생각을 비약하지는 마십시오.

'하나님은 가족들을 다 버리고 주님 앞에 오기를 원하신다.'

이렇게 결론을 비약시키면 안 됩니다. 여기에서 하나님이 아브라함을 부르신 중요한 이유 중의 하나는 그로 하여금 "복의 근원"이 되게 하기 위함입니다.

"내가 너로 큰 민족을 이루고 네게 복을 주어 네 이름을 창대케 하리니 너는 「복의 근원」이 될지라"(창 12:2).

아브라함 자신만을 복 주신 것이 아니라 다른 많은 사람들도 그를 통하여 복을 나누는 그런 축복의 근원이 될 것이라는 이야기입니다.

그 다음 절에 보면, 땅의 모든 족속이 그로 인하여 복을 받을 사람이 되기 위하여 먼저 그를 부른다는 말씀이 기록되어 있습니다. 그러니까 먼저 네가 복종을 하고 떠나라는 명령인 것입니다.

하나님이 어떤 사람을 선택하신다는 말이 그 사람만 선택하고 다른 사람은 버린다는 뜻이 아닙니다. 그러나 그 사람이 먼저 순종할 때에 다른 사람이 축복 받을 수 있습니다.

이 이야기를 이해하기 쉽게 바꾸어 보겠습니다. 가령 믿지 않는 집에 사는 어떤 사람에게 전도를 했다고 합시다. 그런데 그가 신앙을 갖는 것을 주변의 식구들이 완강하게 반대합니다. 그런 경우가 실제로 많습니다. 그때 당신은 그에게 어떻게 충고할 수 있겠습니까?

"가족들이 반대하는데 그러지 마시고 가족들이 믿을 때까지 참고 기다리십시오."

그렇게 충고한다고 가정해 보십시오. 웃으실지 모르지만 실제로 그렇게 하는 사람들이 없지는 않은 것 같습니다. 하지만 그렇게 해서 전도가 됩니까?

그것은 하나님의 전도 방법이 아닙니다. 그 중의 한 사람을 하나님은 먼저 뽑아내십니다. 그리고 나머지 가족들에게 예수를 믿는 삶이 얼마나 다른 것인가를 보여주십니다. 그래서 처음에는 그에게 많은 핍박이 오지만 변해버린 그의 삶의 감동스런 장면 앞에서 마침내 나머지 식구들이 손을 들고 다 믿기 시작합니다.

신앙의 역사는 한 사람에게서부터 먼저 시작됩니다.

"다른 사람들을 고려해서 함께 머물러 계십시오."

이런 식으로 한다면 인간 변화는 일어나지 않는 것입니다.

이 시점에서 하나님의 역사는 아브라함을 단신으로 불러내는 것입니다.

"모든 것을 버리고 너 홀로 떠나라."

떠났습니다. 그러나 모든 것을 버리고 떠난 것은 아닙니다. 같이 떠났습니다. 여기 온전하지 못한 순종을 보십시오.

② 가나안으로 오는 중간에서 오래 지체함

하나님이 아브라함에게 가라고 지시하신 그 땅은 어떤 땅입니까?
가나안 땅입니다.

그런데 성경에 보면 아브라함이 그냥 그 가나안 땅으로 직접 간 것으로 되어 있습니까?

"데라가 그 아들 아브람과 하란의 아들 그 손자 롯과 그 자부 아브람의 아내 사래를 데리고 갈대아 우르에서 떠나 가나안 땅으로 가고자 하더니 「하란에 이르러 거기 거하였으며」"(창 11:31).

가나안으로 가는 중간 지역에서 아브라함이 상당히 오랜 시간을 보낸 것으로 되어 있습니다. 왜 그럴까요?

우선 지리적으로 살필 때 갈대아 우르라는 장소에서 하란까지 오는 길은 좋은 길입니다. 지리학자들의 말에 의하면 유프라데스 강을 끼고 서쪽으로 돌아오는 그 길은 굉장히 평탄하고 좋은 길이었다고 합니다. 가나안까지 오는 길에 있어서 정말 어려운 길은 하란에서부터 시작됩니다.

왜 아브라함이 하란에서 머물렀다고 생각하십니까?
거기에서 일이 년이 아니라 상당히 오랜 시간을 보냅니다. 한 마디로 아브라함은 고생하기 싫은 것입니다.

아브라함은 고향과 친척을 떠났습니다. 그러나 온전히 떠난 것은 아닙니다. 떠나라고 할 때 그냥 바로 떠난 것이 아닙니다. 인간사가 그렇게 간단한 것은 아니지요. 주님의 말씀 앞에 순종한다는 것이 그렇게 간단한 일이 아니라는 사실을 우리는 아브라함의 생애를 통해서도 볼 수 있습니다. 얼마나 많은 주저와 얼마나 많은 망설임과 얼마나 많은 갈등이 있었겠습니까?

그것이 오늘 저와 당신의 갈등이 아니겠습니까?

여기 아브라함의 온전하지 못한 순종의 모습을 보십시오.

3. 아브라함을 향한 하나님의 오래 참으심

하나님 앞에 바로 순종하지 못하고 머뭇머뭇하고 있는 이 아브라함에게 하나님은 얼마나 오래 참으셨습니까?

아브라함이 머뭇거린 원인 중의 하나는 아마도 미련 때문이었을지 모릅니다. 옛 것에 대한 집착 때문이었을지 모릅니다. 식구들과의 관계를 끊는다는 것이 그렇게 쉬운 일입니까?

얼마나 정이 들었겠습니까?

고운 정, 미운 정, 더러운 정도 있다고 합니다만, 인간 관계의 단절이 그렇게 쉽지는 않았을 것입니다. 그리고 그들을 버린 것이 아무래도 자기의 삶에 있어서 손해라는 생각을 극복하는 것도 쉽지 않았을 것입니다.

주님의 말씀에 순종해야 한다는 사실은 잘 압니다. 그리고 순종하기를 원합니다. 그러나 쉽지 않은 것입니다. 이제 하란 땅에서부터 걸어야 할 그 모진 사막의 길!

솔직이 우리는 이 고생을 피하고 싶은 것입니다. 조금만 더 가면 하나님이 나를 위해서 준비하신 약속의 땅 가나안이 있다는 사실을 압니다. 하나님이 우리를 위해서 천국을 예비하셨고, 우리의 삶의 미래에 놀라운 약속을 갖고 계시다는 사실을 믿습니다. 그러나 당장의 고생이 싫은 것입니다. 오늘 내가 당장 겪어야 하는 이 고생과 대가는 아무래도 싫은 것입니다. 여기에 아브라함의 주저함이 있었습니다.

그래서 아브라함의 발걸음은 하란에서 머물러 버립니다.

아브라함이 메소포타미아의 갈대아 우르를 떠나서 하란을 떠나기까지 걸렸던 시간이 얼마인 줄 아십니까?
아브라함이 갈대아 우르를 떠날 때의 나이는 육십 세입니다. 그리고 아브라함이 하란을 떠날 때의 나이는 칠십오 세입니다.
"아브람이 하란을 떠날 때에 그 나이 칠십오 세였더라"(창 12:4).
그러니까 갈대아 우르를 떠나서 중간에 머물렀던 곳인 하란을 떠나기까지 걸렸던 시간은 모두 15 년입니다. 그 중에서 하란 땅에서 아브라함이 얼마의 시간을 보냈는가는 잘 알 수 없습니다. 그것은 아브라함이 갈대아 우르에서 하란까지 간 시간을 모르기 때문입니다. 그러나 최소한 5 년 이상, 많으면 15 년까지 머물렀을 가능성이 있습니다. 그동안 아브라함의 발걸음은 하나님이 인도하시기를 원했던 그 지시된 땅, 목표로 했던 그 땅을 향해서 가지 못하고 중간에서 묶이고 만 것입니다. 15 년 동안 하나님의 뜻이 이루어지지 못하고 있었던 것입니다.

그러나 하나님은 아브라함을 그대로 두십니다. 저 같으면 진작에 요절을 냈을 것입니다만 하나님은 참으시는 것입니다. 이 15 년이라는 기간은 바로 아브라함을 향한 하나님의 계획과 목적이 있었음에도 불구하고 이루어지지 못함을 안타까워하시면서 인내하시는 하나님의 참으심의 기간이었다는 사실을 아셔야 합니다.

어떤 사람이 하나님의 마음을 알려면 두 가지의 직업을 가져 보면된다고 했습니다. 첫째는 부모가 되어 보면 정확하게는 아니어도 근사하게 하나님의 마음을 이해할 수 있다고 합니다. 장가를 간 것만으로는 소용이 없습니다. 자식을 낳아 길러 보아야 하나님의 마음을 알 수 있다고 합니다. 둘째로는 선생이 되어 보면 알 수 있다고 합니다.
자식이나 제자나 마음대로 됩니까?

마음대로 되지 않습니다. 그러나 참습니다. 왜냐하면 아직도 기대하기 때문입니다. 사랑은 기다리게 만듭니다. 자식을 향한 부모의 사랑과 기대가 자식의 그 많은 못마땅한 요소에도 불구하고 그 자식을 바라보고 기다리게 만드는 것입니다.

하나님은 아직도 기대하십니다. 아브라함에게 이 기대를 포기하지 않으셨듯, 당신을 향한 하나님의 기대가 끝나지 않았기 때문에 하나님은 당신을 향해서 그 시선을 거두지 아니하시고 아직도 주목하십니다. 이 하나님의 참으심을 보십니까?

하나님의 마음을 이해할 수 있는 직업을 하나만 더 말하라면 저는 목사가 되어 보라고 말씀드리고 싶습니다. 그러면 조금은 이해할 수 있을 것입니다. 말씀을 증거해도, 이 많은 설교를 던져도, 하나님의 기대대로 살기를 원하는 간절한 열망과 멧세지를 선포해도 조금도 변하지 않고 머물러 있는 교우들을 바라볼 때 어떤 때는 요나처럼 다 때려치우고 도망가고 싶은 유혹이 솔직이 없지 않아 있습니다. 그런데 하나님이 참으십니다. 그러니 저도 참아야지요. 여기 하나님의 참으심의 사건을 보십니까?

아브라함의 인생의 방향이 변한 것은 사실입니다. 그가 갈대아 우르를 떠난 것은 사실입니다. 그의 머리가 가나안 땅을 향하고 있는 것은 사실입니다. 하나님 없이 살던 내가 하나님을 바라보고 있는 것은 사실입니다. 또 주님을 향해서 가고 싶은 마음도 사실입니다. 안 변한 것이 아닙니다. 변했습니다. 내 가치관이 변했습니다. 세계관이 변했습니다. 내 생애의 목표가 변했습니다. 그러나 이 방향 전환에도 불구하고 내 인격의 밑바탕에서 나를 붙들고 있는 그 끈끈한 소유욕과 이기심은 여전합니다. 그래서 우리의 발걸음은 아직도 하란에 붙어 있습니다. 당신의 하란은 어디입니까?

재미있는 것은 이 하란이라는 도시에 『나네아』(Nanea)라는 달신

(月神)을 숭배하는 종교가 성행하고 있었다고 성경 고고학자들은 말합니다. 갈대아 우르를 떠나기 전부터 아브라함이 하나님을 믿었던 사람은 아니었습니다. 성경에 보면 아브라함은 갈대아 우르에서 우상을 섬기고 있었던 집안 출신이라고 되어 있습니다.
"여호수아가 모든 백성에게 이르되 이스라엘 하나님 여호와의 말씀에 옛적에 너희 조상들 곧 아브라함의 아비, 나홀의 아비 데라가 강 저편에 거하여 다른 신들을 섬겼으나"(수 24:2).
이러한 환경 하에 있던 아브라함이 하나님을 알았습니다. 하나님의 음성을 들었습니다. 그러나 이 하란 땅에 머물렀던 그 많은 이유 중의 하나가 어쩌면 아직도 우상 숭배에 대한 미련을 포기하지 못해서 일지도 모릅니다.

하나님을 섬기지만 포기할 수 없는 내 욕심이 있습니다. 하나님을 향해서 내 마음을 드린 것은 사실입니다. 그 하나님을 향해서 살고 싶어하는 내 마음의 열망도 사실입니다. 하나님을 사랑하는 것도 사실입니다. 그러나 아직도 내 마음 속에 버릴 수 없는 인간적인 끈끈한 욕망이 자리잡고 나를 지배하고 있는 것도 어쩌면 사실일지 모릅니다. 그래서 우리의 발걸음은 하란에 머물러 있는 것입니다. 그런데도 그분은 참으십니다. 말없이 기다리십니다. 그래서 15 년이 흘러가는 것입니다.

그리스도인이 된 후에도 이 말씀은 계속해서 우리의 귓전을 때립니다.
"너희는 유혹의 욕심을 따라 썩어져 가는 구습(舊習)을 좇는 옛 사람을 벗어버리고"(엡 4:22).
이것은 믿지 않는 사람에게 하는 말씀이 아닙니다. 이 멧세지는 에베소의 그리스도인들에게 주신 말씀입니다. 그들이 새 사람이 되었음에도 불구하고 아직도 걸치고 있는 옛 사람의 누더기가 있습니다.

"옛 사람을 벗으라."

본래 이 말을 그대로 직역하면 "계속해서 벗으라"는 말입니다. 내가 그리스도인이 되었지만 아직까지 걸치고 있는 옛 사람의 누더기가 있습니다. 내 행동 속에, 내 습관 속에 폭발하는 내 성질 속에 옛 사람의 누더기가 있습니다. 하나님은 참으십니다. 그리고 말씀하십니다.

"옛 사람을 벗으라. 새 사람을 입으라."

계속해서 새 사람을 입으라는 말씀입니다.

온전하지 못한 나의 불순종에도 불구하고, 자라나지 못하는 내 모습에도 불구하고 하나님이 나에게 벼락을 내리지 아니하시고 계속해서 이 말씀으로 권고하시는 이유는 아직도 저와 당신을 향한 기대를 포기하지 않으셨기 때문입니다. 이 포기되지 않는 하나님의 인내의 사랑을 보십니까?

"오래 참으심"이라는 말을 영어성경에서 보면 long-suffering 으로 되어 있습니다. 이 참으심은 차라리 하나님의 고통일지도 모릅니다. 그분은 고통하며 기다리십니다.

'언제 나의 사람이 되는가? 너를 지은 나의 형상을 닮아가며 나의 뜻을 이루는 사람이 언제 되겠는가?'

그 열망과 기대를 위해서 나를 향해 참고 기다리시는 하나님의 고통 같은 기다리심!

이것을 이해하십니까?

아브라함을 향한 하나님의 인내를 보십시오. 그러나 하나님이 이렇게 참고 기다리신다고 해서 내가 마냥 방황해도 괜찮을 줄로 착각하지 마십시오. 주님이 오래 기다리시는 분이시기 때문에, 사랑하시기 때문에 내가 마음대로 이 정도의 차원에서 계속 살아도 아무런 일이 없을 것이라고 쉽게 낙관하지는 마십시오.

4. 온전하지 못한 순종의 대가

온전하지 못한 순종 때문에 아브라함이 지불해야만 했었던 대가가
무엇입니까?

첫째로, 세월을 잃어버렸습니다.

하란에서 보낸 약 15년간의 기간은 완전히 낭비된 세월이었습니다.
버린 세월입니다. 재미있는 사실은 『하란』이라는 말의 뜻이 "열매가
없다"는 뜻입니다. 불모지, 황폐지의 땅 하란에 머물러 있는 동안 아
브라함이 어떤 창조적인 일을 했다는 기록은 아무데서도 찾을 수 없
습니다. 그것은 그냥 내버린 세월입니다. 하나님 앞에 인정받을 수
없는 세월입니다. 여기 온전히 순종하지 못했던 아브라함이 하란에
서 보내었던 유형지(流形地) 세월의 모습을 주목해서 보십시오.

"나를 떠나서는 너희가 아무것도 할 수 없음이라"(요 15:5).
정말 할 수 없습니까? 왜 못합니까?
할 수 있습니다. 우리는 주님과 상관하지 않고도 일을 벌입니다. 사
업도 벌이고, 친구도 사귀고, 야망의 길도 걸어갑니다. 그러나 성경
은 계속해서 이렇게 말씀합니다.
"나를 떠나서는 너희가 아무것도 할 수 없음이라."
하나님과 의논되지 않은 그 어떤 것도 하나님께 인정될 수 없는 사역
입니다. 결국 어느 날 삶을 돌이켜 보면서 내가 허우적거렸던 그 시
간이 헛된 낭비였음을 가슴 아프게 참회하게 될 것입니다. 그러나 그
때는 때가 너무 늦었을지도 모릅니다. 어떻게 하시겠습니까?

둘째로, 아버지가 죽었습니다.

"데라는 이백오 세를 향수하고 하란에서 죽었더라"(창 11:32).
데라는 아브라함의 아버지입니다. 데라가 하란에서 죽은 것입니다.
이 죽음을 '죽을 때가 되었으니까 죽었겠지'라고 단순한 자연사로 보
지 마십시오. 성경은 이 죽음에 특별한 의미가 있다는 사실을 강조하

고 있습니다.

"스데반이 가로되 여러분 부형들이여 들으소서 우리 조상 아브라함이 하란에 있기 전 메소보다미아에 있을 때에 영광의 하나님이 그에게 보여 가라사대 네 고향과 친척을 떠나 내가 네게 보일 땅으로 가라 하시니 아브라함이 갈대아 사람의 땅을 떠나 하란에 거하다가 **그 아비가 죽으매** 하나님이 그를 거기서 너희 시방 거하는 이 땅으로 옮기셨느니라"(행 7:2 ~ 4).

이 말씀에 의하면 아버지가 죽었을 때에 비로소 아브라함이 하란 땅을 떠날 수 있었던 것입니다. 그때까지는 떠나지 못한 것입니다.

어쩌면 아브라함이 하란 땅을 떠나지 못한 가장 중요한 원인이 그 아버지 데라에게 있었을지 모릅니다. 우연의 일치라고 하기에는 너무 신기한 사실이 있습니다. 『데라』라는 단어의 뜻은 "연기하다"입니다. 데라 때문에 아브라함의 발걸음이 묶여 있었습니다.

그러나 드디어 이 데라가 죽습니다. 그것은 불행입니다. 그러나 한편으로는 다행입니다. 왜냐하면 그 죽음을 통해서 비로소 아브라함이 자기의 생애의 목표를 향해서 전진할 수 있었기 때문입니다.

어쩌면 이 데라는 오늘 내 신앙의 전진과 성숙을 가로막고 있는 모든 일체의 우상의 상징일지도 모릅니다. 우상이란 것이 무엇입니까?

하나님과 나 사이에 개입되는 어떤 것입니다. 그것 때문에 눈이 가리워져서 하나님이 보이지 않습니다. 하나님보다 더 사랑하는 모든 것, 전능하신 하나님을 바라보지 못하도록 내 눈을 가로막고 있는 모든 것이 우상입니다.

오늘 당신의 우상은 무엇입니까?

당신의 돈일 수가 있습니다. 당신의 직업일 수가 있습니다. 그것 때문에 내가 하나님을 향해서 가는 발걸음이 지체되고 있습니다. 그렇다면 그것이 우상이 될 수 있습니다. 자식 때문에 주님을 향한 내 삶이 방해를 받고 있다면 그 자식이 우상일 수 있습니다. 물론 자녀와 사랑하는 식구들이 함께 주님을 섬길 수 있는 것은 놀라운 그리스도 안에서의 축복입니다. 그러나 그들이 나로 하여금 하나님을 섬기는 일에 방해가 되기 시작한다면, 그때 주님은 이렇게 말씀하십니다. "무릇 내게 오는 자가 자기 부모와 처자와 형제와 자매와 및 자기 목숨까지 미워하지 아니하면 능히 나의 제자가 되지 못하고"(눅 14:26).

우상이 아브라함의 삶을 가로막기 시작한 어느 날, 하나님이 아브라함을 사랑하시므로 그 우상을 파괴하는 작업을 시작하십니다. 이 우상을 헐기 시작하시는 것입니다.

만약 당신의 힘으로 이 우상을 헐지 않으면 어느 날 주께서 허실 것입니다. 이 우상이 무너지는 요란한 소리와 함께 그때 비로소 나는 깨닫습니다. 삶의 정체를 보기 시작합니다. 그리고 창조주를 향해서 발걸음을 옮기기 시작하는 것입니다. 이 가슴 아픈 그날, 그러나 깨달음의 그날, 인생의 진실과 신앙의 진실을 발견하고 떠나갔던 아브라함의 그날의 광경을 주목해서 보시기 바랍니다.

드디어 그는 어떻게 합니까?
"아브라함이 그 아내 사래와 조카 롯과 하란에서 모은 모든 소유와 얻은 사람들을 이끌고 가나안 땅으로 가려고 떠나서 **마침내** 가나안 땅에 들어갔더라"(창 12:5).
성경은 쉽게 이 단어를 설명했지만 그때까지의 과정이 얼마나 기막힙니까?
이것은 아브라함이 마침내 순종한 순종입니까?
마침내 아브라함을 순종시킨 하나님의 은혜가 아닙니까?
이것은 하나님의 승리입니다. 이것은 하나님의 설득입니다. 그를 사랑하시므로 그를 통해서 마침내 하나님의 뜻을 이루기 원하시는 하나님의 사랑입니다. "마침내"라는 단어 속에 포함된 이 하나님의 손길과 애정을 보십시오. 그는 "마침내" 왔습니다.

그때 비로소 아브라함은 단을 쌓습니다.
"그가 자기에게 나타나신 여호와를 위하여 그곳에 단을 쌓고"(창
12:7).
아브라함의 생애 속에 처음으로 하나님을 위한 제단이 세워집니다.
그는 이제 알았습니다. 내 삶의 주님이 하나님이라는 사실을 알았습
니다.
"주님이 제 삶을 인도하신다는 사실을 깨달았습니다."
이 가슴아픈 경험을 통해서라도 자기를 깨우쳐 하나님을 바라보게
만드신 그 하나님의 주권적인 손길을 인정하고 제단을 쌓습니다. 하
나님을 예배합니다. 하나님을 찬양합니다. 그때 비로소 진정한 의미
에서 아브라함의 신앙의 삶이 시작된 것입니다. 그때 비로소 아브라
함은 온전히 믿게 된 것입니다. 그때 비로소 아브라함은 온전히 순종
하게 된 것입니다.

하나님이 당신을 사랑하신다면 이 믿음과 순종의 자리까지 오게
하실 것입니다. 그러나 조금 더 일찍 순종했더라면, 그러면 15 년의
세월을 잃어버리지 않아도 되었을 것입니다. 내가 좀더 하나님의 말
씀을 믿고 순종했었더라면 그 15 년의 세월을 창조적이고 영광스러
운 순간으로, 하나님을 위해서 펄펄 뛰는 감격의 시간으로 만들 수
있었을 것입니다.
조금 더 일찍 순종했었더라면, 그러면 어쩌면 아버지 데라의 죽음
을 피하고 온 가족이 함께 하나님을 섬기는 영광스러운 자리에 도달
할 수도 있었지 않았겠습니까?
'조금만 일찍 깨달았었더라면….'

2

그 땅에 기근이 있었다

"그 땅에 기근이 있으므로 아브람이 애굽에 우거하려 하여 그리로 내려갔으니 이는 그 땅에 기근이 심하였음이라 그가 애굽에 가까이 이를 때에 그 아내 사래더러 말하되 나 알기에 그대는 아리따운 여인이라 애굽 사람이 그대를 볼 때에 이르기를 이는 그의 아내라 하고 나를 죽이고 그대는 살리리니 원컨대 그대는 나의 누이라 하라 그리하면 내가 그대로 인하여 안전하고 내 목숨이 그대로 인하여 보존하겠노라 하니라"(창 12 : 10~13).

'**교**회에 출석하면 내 삶이 조금은 달라지겠지. 그리고 풍요해지겠지'라는 기대 속에 교회에 출석을 시작했지만 여전히 삶은 창백하고 피곤하여 '이 신앙이 정말 의미가 있는 것일까'라고 신앙의 실재성을 의심하는 분들이 계십니까?

예수 믿으면 복 받는다는 멧세지를 받고 인생의 전환에 대한 희망을 걸고 예수 믿는 삶을 시작했지만 복은 커녕 점점 더 미궁 속에 빠지고 기대하지 않은 재앙을 만나 신앙 생활을 시작한 그 자체가 후회스럽게 느껴지는 성도들이 계십니까?

기도 드리고 예배하고 시작한 일이었지만 오히려 예기치 않은 좌절과 난관에 부딪쳐 하나님이 원망스러운 분이 계십니까?

본문의 멧세지는 그런 분들을 위한 것입니다.

본문은 이렇게 시작합니다.

"그 땅에 기근이 있으므로…"

아브라함이 하란을 떠나 약속의 땅까지 찾아올 때 그에게는 얼마나 커다란 기대가 있었겠습니까?

이 팔레스타인 땅, 젖과 꿀이 흐르는 복지에 도착하기까지 숱한 고난과 고생을 용케도 견딘 것은 저 새 땅에 들어가서 한번 잘 살아보자는 기대 때문이 아니었겠습니까?

그런데 이것이 웬 말입니까?

약속의 땅, 축복의 땅에 들어서서 감격의 첫번째 제단을 쌓고 예배를 드린 것이 어제인데 오늘 때 아닌 기근이 찾아와 생존 그 자체가 위협을 받는 시점에 직면하게 된 것입니다. 그래서 아브라함은 애굽으로 갑니다.

1. 아브라함의 애굽행

성경 학자들과 설교자들은 종종 아브라함이 애굽으로 간 것이 잘한

것이냐 못한 것이냐는 것을 놓고 시비를 합니다. 잘못하지 않았다는
측의 말을 들어 보면 "아브라함이 애굽으로 내려간 그 자체를 하나님
이 책망하신 사실이 성경에 없지 않느냐"는 것입니다. 이에 반해 아
브라함이 애굽에 내려간 것이 잘못이라고 주장하는 사람들은 "성경
에서 애굽이라는 땅은 언제나 세상의 상징인데 결국 아브라함이 애
굽으로 내려간 것은 타협"이라고 주장합니다.

이 문제를 풀기 위해서는 본문의 상황을 좀더 자세히 들여다 볼 필
요가 있습니다. 우선 애굽에 아브라함이 내려간 그 자체가 시비의 초
점이 되어서는 안 됩니다. 그가 만약 하나님의 명령을 좇아 애굽에
내려간 것이라면 그것은 명령에 대한 순종이니까 오히려 잘한 일입
니다. 역사 속에 그런 때가 있었습니다. 요셉이 애굽 땅에 하나님의
섭리 가운데 내려가 자기의 형제와 가족들을 구출하게 된 사건이라
든지 혹은 아기 예수님이 헤롯의 위협을 받았을 때 하나님께서 그 육
신의 부모로 하여금 애굽으로 내려가도록 지시한 사건들이 그 경우
입니다.

그런데 본문을 보면 아브라함은 하나님의 명령과 상관없이 애굽으
로 간 것 같은 추리를 하게 합니다. 이것은 창세기 12 장 4 절의 말
씀과 비교하면 좀더 뚜렷하게 드러납니다. 아브라함이 처음 가나안
땅을 향해서 나아갈 때의 장면을 성경은 이렇게 기술합니다.
"이에 아브람이 여호와의 말씀을 좇아 갔고"(창 12:4).
그가 가나안 땅을 향해서 나아간 것은 분명히 하나님의 말씀을 좇아
간 순종의 행위였습니다. 그러나 성경 기자는 10 절에서 아브라함이
애굽으로 간 사건을 기술하면서 "하나님의 말씀을 좇아 갔다"는 표현
을 넣지 않습니다. 더군다나 7 절을 보시면 아브라함이 천신만고 끝
에 가나안 땅에 도착했을 때 하나님이 아브라함에게 나타나서 이렇
게 말씀하십니다.
"내가 이 땅을 네 자손에게 주리라"(창 12:7).
그러므로 아브라함은 이제 마땅히 하나님의 명령을 따라 이 땅을 개

척해야 할 도전 앞에 선 것입니다.

그러나 이 말씀을 받은 지 얼마 되지 않아 그 땅에 기근이 찾아오자 그는 다시 보따리를 싸들고 애굽을 향해서 가기 시작합니다. 이것은 아무래도 경거망동이라고 우리가 결론짓지 않을 수 없습니다. **적어도 아브라함의 애굽행(行)은 자기에게 닥쳐온 어려움을 모면하기 위한 도피로밖에는 생각되지 않습니다.**

계속되는 본문의 이야기를 읽어 보시면 도피는 결코 인생의 문제에 대한 해결일 수 없다는 이 웅변적 증언을 접하게 됩니다. 우리는 어려움 앞에 부딪치면 본능적으로 몸을 도사려 피할 곳을 찾습니다. '보다 쉬운 길이 어디 있는가? 내가 좀 편하게 삶을 살 수 있는 길은 어디에 있는가?'

본능적으로 자기 보호의 살 길의 탈출구를 찾습니다. 그것은 애굽을 향해서 발걸음을 돌리는 우리의 모습이기도 합니다. 그래서 아브라함이 애굽으로 갑니다.

2. 애굽에서의 위기

그런데 애굽에 가까와지자 아브라함에게는 또 하나의 문제가 걱정거리로 다가 왔습니다. 그의 아내가 굉장히 잘 생긴 여인이었던 모양입니다. 그래서 아내를 탐내는 사람들이 자기를 죽일지 모른다는 불안감이 아브라함의 마음을 지배하기 시작합니다. 그러나 이러한 어려움에 직면했을 때 아브라함에게 '내 삶에 무엇이 잘못되었길래 이런 중첩되는 어려움이 있는가? 내가 정말 하나님의 말씀을 따라서 새로운 상황을 찾았는가?'라는 자기의 삶의 출발점과 진행에 대한 신앙적인 반성이 전혀 없다는 사실이 신기하기만 합니다.

많은 인생들이 그러하듯 우리는 이러한 어려움을 당하면 기발한 아이디어(idea)로 살 길을 찾습니다. 그래서 마침내 아브라함도 자기 아내에게 이런 치졸한 부탁을 합니다.

"여보, 누가 당신과 나의 관계를 묻거든 내 누이라고 대답을 하시오."

이 말을 들으면서 당신은 어떤 느낌을 받으십니까?

'믿음의 조상 아브라함도 별 수 없이 속세의 인간이로구나!'

별 수 없는 보통 사람이라는 것을 확인하게 되는 장면입니다. 그러나 우리 중 누가 돌을 들어 이 아브라함을 향하여 던질 수 있습니까? 절대적으로 불리한 상황에 처하면 인간은 치사한 생존의 본능을 노출시키기 마련입니다. 살아남기 위해서, 그리고 손해를 보지 않기 위해서 우리는 그리스도인이라는 명분이나 신분과 상관없이 몸부림치고 발버둥치고 있지 않습니까?

누가 돌을 들어 이 아브라함을 칠 수 있겠습니까?

찰스 스윈돌(Charles R. Swindoll)이라는 유명한 목사님이 계십니다. 그 목사님이 하루는 교회의 강단에서 법을 철저하게 지키는 데서부터 그리스도인들의 신앙 생활이 시작된다는 사실을 강조했습니다. 그런데 그리고나서 얼마 안 있다가 스윈돌 목사님이 자동차를 운전하고 가다가 신호가 갑자기 바뀌는 바람에 서지 못하고 그냥 지나간 사건이 생겼습니다. 그 광경을 교인 중의 두 분이 보게 되었습니다. 집에 도착하니까 그 교인에게서 전화가 왔습니다.

"목사님, 오늘 낮에 빨간 신호등이 켜 있을 때 그냥 지나가셨지요?"

시인할 수도 없고 안할 수도 없어 전전긍긍하고 있는데 그 교인이 좀 만나자고 청을 합니다.

"그때 그 광경을 본 교인이 저 말고 또 한 사람이 있는데 같이 만나서 이야기 좀 하십시다."

큰 일이 난 것입니다. 그래서 기도하고 궁리하다가 드디어 두 교인을 만나러 가는데 스티카 두 장을 옷에 붙이고 나갔습니다. 한 장에는 "나는 죄인이다"라는 글이 씌어 있었고, 또 한 장에는 "너희 중에 죄 없는 자가 돌을 들어 나를 치라"는 글이 씌어 있었다고 합니다.

우리도 어려움에 직면하게 되면 본능적으로 인간의 그런 모습을 노출시킬 수밖에 없을 것입니다. 그러나 이 아브라함의 태도가 아내 사라의 입장에서 본다면 얼마나 기막히겠습니까? 남편이란 자가 아내를 지킬 생각은 하지 않고 자기 목숨이 아까워서 누이라고 거짓말을 강요하다니 얼마나 서운하고 기막혔겠습니까? 남편이 이럴 때 요즘의 여성들 같으면 과연 어떤 반응을 보였을까요? 당신은 어떤 반응을 하겠습니까?
"당신이 남편이예요? 아니꼽고 더럽고 메스껍고 치사해요. 우리 이혼하고 끝내버려요."
그러지 않았을까요?

그런데 성경을 보면 사라는 그렇게 반응하지 않습니다. 저는 이 사라의 모습을 보면서 동양 문화의 어떤 전통적인 열녀상 같은 것을 느꼈습니다. 무능한 남편을 비웃기보다는 오히려 그것이 자기의 팔자소관이려니 생각하고 속으로 울며 묵묵히 운명의 길을 떠나갑니다.

여기까지는 비극입니다. 그런데 놀라운 사실은 이 비극의 무대가 갑자기 바뀌기 시작한다는 것입니다. 아브라함의 불순종과 거짓말에도 불구하고, 영 안 되어가던 상황이 어느 한 순간 갑자기 변해 모든 것이 잘 되어가기 시작합니다. 웬일입니까?
이 상황에서 당신이 만약 하나님이라면 누구에게 회초리를 대시겠습니까?
지금 이 사건 속에서 잘못하고 있는 사람은 누구입니까?
아브라함입니다. 그러나 이 회초리가 아브라함에게 떨어지는 것이 아니라는 사실을 주목해서 보시기 바랍니다. 이 회초리는 아브라함이 아닌 바로의 집안에 내려졌습니다. 이 여자를 데려오자마자 아마 몸살이 났는지도 모릅니다. 밤에 잠을 이루지 못하는 고민이 갑자기 생겼는지 모릅니다. 그래서 웬일인가 하고 추적했더니 자기가 궁중에 데려온 그 여인이 남편이 있는 여자이기 때문이라는 것입니다. 그래서 바로는 사라를 다시 아브라함에게 돌려 보냅니다. 그렇게 하여 아브라함은 아내를 돌려받게 되었고 또 바로로부터 큰 재산을 받게 되는 결과가 본문에 기록되어 있습니다.

3. 잘못에 대한 하나님의 다스림의 방법

이 잘 되는 사건을 보면서 우리는 이런 질문을 던지게 됩니다.
"그렇다면 이것이 아브라함의 애굽행을 정당화 해 주는 한 증거가 되지 않겠는가? 하나님 앞에서 그의 실수가 잘못되지 않았다는 증거로 해석되어도 좋지 않겠는가?"
이것이 우리의 질문입니다. 그러나 우리가 먼저 분명히 할 것은 어떤 경우에도 아브라함의 잘못된 행동 그 자체는 정당화될 수 없다는 것입니다. 주님과 의논하지 않고 일을 벌인 행동이라든지, 거짓말을 했다든지, 아내의 마음에 못을 박았다든지 하는 이 모든 것은 절대로 정당화될 수 없는 아브라함의 잘못입니다.
그렇다면 어째서 하나님은 이렇게 상황을 이끄셨을까요?
잘못되어야 할 아브라함, 매를 맞아야 할 아브라함이 오히려 잘 되어 가는 이 상황을 우리는 어떻게 해석해야 옳습니까?
두 가지 관점에서 우리가 본문을 접근할 수 있다고 생각합니다.

첫째로, 사라 때문입니다.
아직까지는 『사라』가 아니라 『사래』입니다.
"여호와께서 아브람을 아내 사래의 연고로 바로와 그 집에 큰 재앙을 내리신지라"(창 12:17).
이 사건이 전개되는 중에서 가장 무고한 희생자가 있다면 바로 사라입니다. 이 여인을 불쌍히 여기신 하나님의 긍휼과 자비하심이 이 사건에 하나님이 개입하시게 된 동기라고 우리는 해석할 수 있습니다. 그렇습니다. 하나님은 지금도 약한 사람들, 그리고 억울한 사람들의 편에 계셔서 그들의 삶을 진전시키는 놀라운 손길을 펴십니다.

**둘째로, 때리는 것보다 축복으로 잘못을 깨닫게 하신 하나님의 방
법 때문입니다.**
아브라함의 편에서 조명해 볼 때 책망받아 마땅한 아브라함을 오히
려 축복하신 하나님의 섭리는 무엇입니까?
이것은 아마도 때리는 방법보다도 잘못한 아들을 후하게 대접하여
자기의 잘못을 더 뼈저리게 느끼게 하려는 하나님의 섭리에서 온 것
이라고 생각할 수 있습니다. 그것을 어떻게 알 수 있는가 하면, 13
장 4절에 보시면 아브라함이 약속의 땅 가나안으로 돌아옵니다. 돌
아와서 그가 제일 먼저 한 일이 무엇입니까?
"그가 처음으로 단을 쌓은 곳이라 그가 거기서 여호와의 이름을 불렀
더라"(창 13:4).
아브라함이 애굽 땅에 있었을 때에 하나님을 불렀다는 기록이 없습
니다. 제단을 쌓았다는 기록도 없습니다.

불순종의 세월 속에서 우리는 제단을 상실합니다. 하나님을 불순
종하고 있었을 때에 우리는 예배를 상실하게 됩니다. 공예배에는 참
석할지 모르지만 그것은 참 예배가 아닙니다. 죄책이 우리의 마음을
지배하고 있을 때에 찬양이 됩니까? 기도가 가능합니까?
기도 없이 찬양 없이 제단이 없는 삶을 아브라함은 애굽에서 살았던
것입니다.
그러나 이제 돌아오자마자 그는 하나님을 부르기 시작합니다. 애
굽의 경험을 통해서 하나님을 깨닫기 시작한 것입니다. 놀라우신 하
나님, 상황 속에 개입하시고 역사하신 하나님, 자기의 잘못에도 불구
하고 자기의 아내를 건지신 이 하나님의 놀라운 섭리를 통해서 하나
님은 살아계시다는 사실을 깨달은 것입니다. 뿐만 아니라 그 하나님
은 참 좋으신 사랑의 하나님이라는 사실을 깨달은 것입니다. 아마도
아브라함은 그가 다시 서야 할 자리에 돌아와 살아계신 하나님과의
바른 관계와 교제를 회복하며 드리던 이 첫번째 제단에서 많은 회개
의 눈물을 뿌렸을 것입니다.

이것은 마치 돌아온 탕자의 경험 같은 것이었을 것입니다. 재산을 다 날리고 초췌한 모습으로 거지꼴이 되어 돌아온 아들을 당신이 아버지라면 어떻게 맞아주시겠습니까?

"네 행실을 고쳤느냐?"

이렇게 따진 다음에 받아들입니까?

그러나 아버지는 이 아들을 어떻게 영접합니까?

차마 고개를 들지 못하고 집을 향해서 오는 아들을 먼저 그 아들인 것을 알아차리고 나가서 품에 안고 종들에게 말합니다.

"제일 좋은 옷을 내어다가 입히고 손에 가락지를 끼우고 발에 신을 신기라 그리고 살진 송아지를 끌어다가 잡으라 우리가 먹고 즐기자 이 내 아들은 죽었다가 다시 살아났으며 내가 잃었다가 다시 얻었노라"(눅 15:22 ~ 24).

이 아들을 끌어안는 아버지의 모습 속에서 우리는 어떤 하나님을 발견합니까?

하나님을 벼락만 내리시는 진노의 하나님으로만 생각하지 마십시오. 진노를 삼키는 더 커다란 하나님의 사랑!

때려서 깨닫게 하기보다는 그의 잘못에도 불구하고 후한 대접으로 "아직도 나는 너를 사랑한다. 이제 돌아오너라. 새롭게 살라"고 말씀하시는 이 하나님을 발견하십니까?

4. 아브라함이 깨달은 사실들

아브라함은 이 기도의 경험을 통해서, 애굽을 내려간 이 사건을 통해서 적어도 두 가지의 교훈을 깨달았을 것입니다.

첫째로, 하나님에 대한 깨달음입니다.

하나님은 어떤 분이신가에 대한 깨달음을 아브라함은 맛보았을 것입니다. 보이지는 않지만 역사 속에 살아계셔서 반드시 간섭하시고 역사를 인도하시는 하나님, 잘못한 것은 반드시 처리하시되 그러나 징

계보다 더 커다란 사랑을 가지고 한 번 더 기회를 주시며 회개하게
만드시는 그 하나님을 그는 깨달았을 것입니다.

아마도 돌아온 탕자에게 아버지가 계속 따지고 잘못의 시비를 가
렸다면 아들은 다시 발걸음을 돌렸을지 모릅니다. 그런데 돌아온 아
들을 조건없이 맞으시는 아버지 앞에서 이 둘째 아들이 얼마나 괴로
웠겠습니까?

미안하고, 죽을 지경이고, 아버지 얼굴을 바라보기가 민망했을 것입
니다.

"아버지, 용서해 주십시오. 다시 시작하겠습니다."

그것이 아브라함의 심정이 아니었겠습니까?

주님에 대한 이 불순종에도 불구하고, 그리고 자기 아내 앞에서 못
된 일을 했던 이 잘못에도 불구하고, 찬송과 기도를 잃어버리고 살았
던 이 애굽의 어두운 밤중에도 변함없이 그를 사랑하신 하나님, 그를
건져내신 하나님, 회초리보다는 후한 대접으로 무릎을 꿇게 하신 그
하나님을 아브라함은 이 사건을 통해서 발견합니다. 그래서 그 하나
님의 거룩한 역사를 바라보며 제단을 쌓습니다. 그는 하나님을 알게
되었던 것입니다.

둘째로, 자신에 대한 깨달음입니다.

또한 아브라함은 자신을 알게 되었습니다. 어려운 일에 닥쳐 보니까
인간을 압니다. 평소의 상황 속에서는 우리는 인간을 모릅니다. 위기
에 도달했을 때 그때 행동하는 모습을 보십시오. 별 수 없이 위기 속
에서 거짓말하고, 자기의 목숨을 살리기 위해서 아내를 밟아버린 이
광경 속에서 우리는 추하고 더러운 인간의 모습을 발견합니다. 아브
라함은 이 별 수 없는 죄인, 이 연약한 자기 자신을 얼마나 처절하게
깨달았겠습니까?

나의 연약함을, 나의 무능을, 나의 부패를 깨닫는 그 순간 전능하신
그 하나님을 의지하지 않고는 한 순간도 정상적인 삶이 가능하지 않

다는 사실을 아브라함은 깨달은 것입니다.

그는 참 귀한 것을 배웠습니다. 보통 때 우리는 자기를 잊고 삽니다. 그러나 위기 앞에 직면할 때 이 연약하고 무력하고 부패한 자기의 모습을 발견합니다. 아브라함은 다시 제단으로 돌아갔습니다. 그래서 제단을 쌓았습니다. 이제 그는 새로운 삶에 있어서 이 제단을 자기의 삶의 중심으로 삼기를 원합니다.

"주님, 제 마음대로 하지 않겠습니다. 하나님을 제 중심에 모시고 살 것입니다."

삶의 한복판에 제단을 세우고 다시 하나님을 찬양하며 기도하며 그리고 주님의 말씀으로 새로운 삶을 살기로 작정하고 떠나가는 아브라함. 이 아브라함에게 있어서 가나안 땅에 찾아왔던 기근은 유익한 경험이었습니다. 그런 의미에서 가나안의 기근은 그리스도인의 삶에 있어서 새로운 교훈이 됩니다. 내가 그리스도인임에도 불구하고 내 삶 속에 갑자기 닥쳐온 이 기근을 통해서 오늘 하나님은 무엇을 교훈하실까요?

삶에 찾아온 어려움 앞에 당신은 어떻게 신앙인답게 반응하십니까? 나의 나된 진실한 모습은 위기를 당할 때 나타나기 마련입니다. 기근과 애굽에서의 위기를 통해서 인간의 정체를 깨우치신 하나님, 그리고 이 큰 사랑의 하나님을 깨닫게 하시고 그 하나님을 의지하고 살도록 격려하시는 하나님, 이 하나님 앞에서 오늘 당신은 인생의 이 기근의 때를 어떻게 극복하시겠습니까?

3
사랑하는 이들이 다툴 때

"아브람이 롯에게 이르되 우리는 한 골육이라 나나 너나 내 목자나 네 목자나 서로 다투게 말자 네 앞에 온 땅이 있지 아니하냐 나를 떠나라 네가 좌하면 나는 우하고 네가 우하면 나는 좌하리라 이에 롯이 눈을 들어 요단 들을 바라본즉 소알 까지 온 땅에 물이 넉넉하니 여호와께서 소돔과 고모라를 멸하시기 전이었는고로 여호와의 동산같고 애굽 땅과 같았더라 그러므로 롯이 요단 온 들을 택하고 동으로 옮기니 그들이 서로 떠난지라"(창 13 : 8~11).

한 때 사랑했던 이들이 오늘은 원수가 되어 등을 돌려대고 살아가는 아픔을 겪어본 적이 있습니까? 가난했던 시절에는 의리와 순정에 살던 친척과 친구들이 돈을 계산하기 시작하면서 이해 관계로 오해가 엇갈려 '죽일 놈 살릴 놈' 하면서 얼굴을 붉히는 그런 현장을 목격하신 일이 있습니까? 신앙 생활 초기에 성도의 교제는 얼마나 가슴 설레이는 따뜻함이요 아름다움이었습니까? 그러나 이 영생의 기업을 나누어받은 그리스도인들조차 불신과 원망 속에서 화해를 거절하고 불신자들보다 더 가시 돋힌 언어로 미워하고 중상하는 추함을 목격하고 실망해 보신 일이 있습니까?

본문에서 신앙의 조상 아브라함이 똑같은 유형의 고민스러운 인간 관계의 위기를 경험하게 됩니다. 아브라함이 자기의 조카였던 롯과 재산 문제로 땅 뺏기 싸움을 하게 되는 장면이 본문에 기록되어 있는 내용입니다.

1. 문제의 원인

이 문제의 원인을 우리는 두 가지로 추적할 수 있습니다.

첫째로, 아브라함 자신의 실수 때문입니다.

아브라함 자신이 하나님의 명령에 대한 원천적인 불순종을 하지 않았습니까?

그가 갈대아 우르를 떠나기는 했습니다. 그러나 그 고향과 친척을 떠나라는 명령을 온전히 순종하지 못하고 인간적인 이유로 조카 롯을 데리고 떠나왔던 것입니다. 그것이 드디어 화근이 되어 아브라함을 괴롭히기 시작한 것입니다.

그런데 이 아브라함과 롯 사이에서 벌어지는 인간 관계의 갈등 속에는 아브라함 편에서 생각할 때에 '내 잘못도 있다'고 생각하는 것은 대단히 중요합니다. 자기는 전혀 잘못이 없다고 생각할 때에 둘의 싸움은 더욱 인간 관계를 미묘하게 만드는 것입니다. 그러나 이 문제에 관해서는 '나도 상당한 책임이 있다'는 생각을 하게 될 때에 보다 더 겸손한 접근이 가능할 수 있습니다.

둘째로, 아브라함과 롯이 다같이 부요해졌기 때문입니다.
부자가 된다는 것이 꼭 좋은 것만은 아닙니다. 그렇다고 부자가 된다
는 것이 나쁜 것도 아닙니다. 부요함이 나로 하여금 하나님을 잘 섬
기게 만들고 그리고 내 이웃을 돕게 만드는 상황이라면 부요함은 물
론 축복입니다. 그러나 부요해졌다는 사실 때문에 하나님에게서 점
점 멀어져가며 사랑했던 이웃들이나 친척들과 그 관계가 뒤틀리는
어려움을 가져온다면 그 부함은 오히려 저주일 수밖에 없을 것입니
다.

본문에서 두 사람이 다 부자가 됩니다. 그런데 이들이 그들 자신의
힘으로 부자가 되면 괜찮은데 불로소득의 부(富)를 얻게 된 것입니
다.

창세기 13 장은 이렇게 시작합니다.
"아브람이 애굽에서 나올새 그와 그 아내와 모든 소유며 롯도 함께하
여 남방으로 올라가니 아브람에게 육축과 은금이 풍부하였더라"(창
13:1,2).
어디에서 아브라함이 재산을 얻었습니까?
자기의 아내 사라가 아내임을 숨기고 바로에게 바친 대가로 그는 많
은 재산을 얻게 된 것입니다. 이 불로소득의 부요가 생기자 어쩔 줄
모르는 것입니다.

우리나라에도 보면 땅을 가지고 있다가 갑자기 부자가 된 이들이
있습니다. 부를 관리할 수 있는 능력이 없는 사람이 부요해졌을 때
도덕적인 타락과 인간 관계의 위기가 찾아오는 것을 종종 볼 수 있습
니다. 이런 부자들을 가리켜 "졸부"라고 부릅니다. "졸지에 부자가
되었다"는 뜻입니다.

이렇게 갑자기 부요해짐으로 오히려 재산 문제를 야기시켜 아브

라함과 롯 사이에 심상치 않은 인간 관계의 갈등이 시작된 것입니다. 그러나 본문의 멧세지는 복음(福音)입니다. 좋은 소식을 전달합니다. 그것은 아브라함이 이런 인간 관계의 갈등을 성공적으로 해결했다는 뜻입니다. 그리고 이 성공은 애굽 땅에서의 실패 다음에 오는 성공이기 때문에 더욱 값진 성공처럼 여겨집니다.

사실 애굽에서 한 번 실패한 후에 아브라함은 신앙적으로 그리고 인격적으로 성숙해졌을 것입니다. 이런 경우에 "실패는 성공의 어머니"라는 격언이 아주 적절합니다. '애굽에서 하나님을 떠난 결정이 얼마나 내 삶에 어려움을 가져다 주는가'라는 사실을 뼈저리게 체험했던 아브라함, 그는 이제 성숙한 사람답게 자기 인생의 새로운 장에서 인간 관계의 어려움이 찾아왔지만 그것을 하나님의 사람답게 처리하는 멋진 드라마를 우리에게 보여줍니다.

2. 문제 해결을 위한 아브라함의 방법

우리의 주변에는 문제가 전혀 없기만을 바라는 이상주의자들이 종종 있습니다. 이런 이들에게 이 세상은 적합한 세상이 못 됩니다. 이 세상은 어차피 문제투성이의 세상이기 때문입니다. 문제가 없기만을 바라는 사람들은 계속 보따리를 싸서 도피하는 길밖에 달리 생존의 방법이 없습니다. 문제는 어디에나 어느 상황 속에서나 우리를 찾아옵니다. 문제는 문제를 어떻게 다루느냐에 달려 있습니다. 문제가 있음에도 불구하고 이 문제를 성숙의 기회로 받아들이며 지혜와 용기로 대처하는 사람들에게 이 세상은 「역사의 창조」라는 선물을 줍니다.

이제 본문에서 아브라함이 어떻게 문제를 다루는가를 보십시오.

첫째로, 아브라함은 먼저 상대방을 찾아가 대화를 시작했습니다. 인간 관계에 문제가 생기기 시작할 때 일반적으로 나타나는 현상은 대화의 중단입니다. 피차에 침묵을 지킵니다. 그것은 차라리 "냉전"

이라고 말할 수 있습니다. 부부 사이에서도 이런 냉전이 종종 있지 않습니까?

화가 나면 입을 다물어 버립니다. 누가 먼저 말을 시작하느냐는 이것이 참 쉽지가 않습니다. 저희 집 같은 경우에는 언제나 제가 먼저 가서 빕니다만, 남자가 왜 이래야 하는지 저도 종종 회의를 느낍니다. 왜 서로 이야기하지 않습니까?

"당신이 먼저 빌어야지."

이것은 자존심입니다. 항상 이것 때문에 문제가 생깁니다.

그러나 여기서 침묵은 해결이 아니라는 사실을 배웁시다. 그것은 문제의 회피에 불과합니다. 이 경우에 아브라함은 문제를 풀기 위해서 자기가 먼저 대화를 시작했다는 사실이 아주 중요합니다.

"아브람이 롯에게 이르되…"(창 13:8).

아브라함이 먼저 대화를 시작합니다. 아브라함과 롯의 관계를 따져 보면 아브라함이 윗사람이고 더 연장자입니다.

전통적인 동양 문화 양식에 따른다면, 잘못 여하를 불문하고 아랫사람이 윗사람에게 먼저 와서 빌어야 합니다. 그것이 타당한 윤리적인 순리입니다. 그러나 본문의 놀라운 점은 아브라함이 높은 사람이요 연장자였음에도 불구하고 먼저 자기 아랫사람 롯에게 찾아가서 대화를 시작했다는 사실입니다.

우리 시대의 비극은 대화의 결핍에 있습니다. 대화 대신 우리는 대결을 먼저 생각합니다. 그래서 지금 우리의 세계는 고독한 대결의 싸움판이 되어가고 있습니다. 그러나 이 아름다운 하나님의 사람 아브라함은 자기가 먼저 대화를 시작합니다. **아브라함에게는 자존심보다도 문제를 푸는 의무가 더욱 중요했던 것입니다.**

그것은 주님의 가르침이기도 합니다. 마태복음 5 장에 보면 예수께서 친히 가르치십니다.

"그러므로 예물을 제단에 드리다가 거기서 네 형제에게 원망 들을 만

한 일이 있는 줄 생각나거든 예물을 제단 앞에 두고 **먼저 가서**… 형
제와 화목하고 그 후에 와서 예물을 드리라"(마 5:23,24).
그 친구가 찾아올 때까지 기다리라고 말씀하시지 않았습니다. 상대
방이 항복하고 들어올 때까지 기다리라고 말씀하지 않았습니다. 주
께서는 우리가 화해자가 되기를 원하십니다. 이 말씀을 주신 예수님
은 하나님 곧 만물을 창조하신 창조자, 만물을 섭리하시는 섭리자이
십니다. 그분은 아무런 죄가 없음에도 불구하고 우리를 찾아오셨습
니다. 그래서 나의 잘못, 나의 실수, 나의 허물을 오히려 담당하시고
십자가에서 "아버지여 저희를 사하여 주옵소서 자기의 하는 것을 알
지 못함이니이다"(눅 23:34)라고 우리를 향한 용서와 사랑을 선포
하셨습니다.

이 주님의 모습을 기억하십니까? 그분이 당신의 주님이라면 당신
은 왜 화해자가 될 수 없습니까? 당신은 왜 먼저 찾아가지 못하십니
까? 당신이 왜 먼저 무릎을 꿇지 못하십니까?
주님도 그렇게 하셨는데요.
"화평케 하는 자는 복이 있나니 저희가 하나님의 아들이라 일컬음을
받을 것임이요"(마 5:9).

믿지 않는 사람들이 우리가 예배를 열심히 드린다고 감동을 받겠
습니까? 기도를 오래 한다고 그들이 감동을 받겠습니까? 우리가 예
배당에 가서 산다고 믿지 않는 사람들이 감동을 받습니까?
"미쳤군" 할 것입니다. 그러나 우리가 용서하지 못할 사람들을 용서
하며 사랑을 실천할 때 그들은 압니다. 우리가 그리스도인인 것을 !
평화를 능동적으로 주권적으로 창조하며, 미움이 있는 곳에 사랑
을 심고, 원망이 있는 곳에 용서를 창조하는 이 모습이 그리스도인의
모습이라면 당신은 왜 먼저 화해자가 되지 못하십니까?
아브라함은 먼저 찾아갔습니다. 그리고 대화의 문을 열었습니다.

둘째로, 아브라함은 더욱 중요한 문제부터 다루었습니다.
지금 아브라함과 롯 사이의 문제는 땅 문제입니다. 그의 종들이 조카
의 종들에게 얻어맞았습니다. 즉, 재산 싸움입니다. 그러나 아브라함
은 그것을 문제로 보지 않았습니다. 그는 이 문제를 재산 싸움이 아
닌 형제 관계, 인간 관계의 차원에서 보았습니다. **오늘 우리의 가장
중요한 문제는 누가 더 물질을 쥐었느냐라는 치사한 물질의 싸움이 아니
라 내가 형제를 잃느냐 찾느냐는 인격적인 측면이 있습니다.**

결국 이것은 가치관의 싸움입니다. 성공의 기준을 더 많은 재산을
손에 쥐는 것으로 생각하는 사람이라면 그는 재산을 지키기 위해서
싸울 수밖에 없을 것입니다. 그러나 성공의 기준이 재산이 아니라 사
람을 얻는 것이라면, 더 많은 사람을 사랑하며 더 많은 사람을 섬기
는 것이 그의 가치관이라면 그는 재물을 잃어버려도 사람을 얻는 결
정을 할 수밖에 없을 것입니다.

아마 아브라함은 이 교훈을 애굽 땅에서 배웠을 것입니다. 자기의
아내를 바로의 궁중에 들인 결과로 그는 돈을 얻었습니다. 뿐만 아니
라 아브라함도 목숨이 안전하게 되었습니다. 그러나 자기의 아내가
궁중에 들어간 그 밤 아브라함이 제대로 잠을 잘 수가 있었겠습니
까?
'내가 이래서는 안 되는데. 이 치사한 재물보다도 내 아내와 함께 정
당하게 살아가는 것이 더 중요한데.'
이 진리를 아브라함은 애굽 땅에서 배웠을 것입니다.

재산에 대한 기득권은 아브라함에게 있습니다. 성경을 보시면 본
래 재산은 아브라함의 손길을 통해서 롯에게 흘러간 것처럼 암시되
어 있습니다.
"아브라함이 애굽에서 나올새 그와 그 아내와 모든 소유며 롯도 함께
하여 남방으로 올라가니"(창 13:1).

주인공은 아브라함입니다. 롯은 언제나 따라가는 측입니다.
"아브람에게 육축과 은금이 풍부하였더라"(창 13:2).
아마도 아브라함이 얻은 것 가운데 얼마를 롯에게 나누어 주었을지
모릅니다. 여기서 기득권을 따지자면 얼마든지 아브라함에게 유리한
상황입니다. 그런데 아브라함은 사람을 얻기를 원합니다. 이것이 아
브라함의 가치관이었기 때문입니다.

오늘날 얼마나 많은 사람들이 인간 관계에 더 중요한 비중과 가치
부여를 하는 삶의 아름다움을 깨닫지 못하고 살아가는지요? 인간
관계는 엉망진창이 되어도 돈만 손에 쥐면 좋겠다는 생각 때문에 삶
을 낭비하고 잠을 못 이루는 밤을 지내는 이들이 얼마나 많은지요?
그래서 자기의 삶을 엉망진창으로 더럽히는 이 어리석은 인생들의
행렬을 지켜 보십시오.

주께서는 어떻게 가르치셨습니까?
"너희는 먼저 그의 나라와 그의 의(義)를 구하라 그리하면 이 모든
것을 너희에게 더하시리라"(마 6:33).
이 말씀 앞에 어떤 말씀이 나오는 줄 아십니까?
"그러므로 내가 너희에게 이르노니 목숨을 위하여 무엇을 먹을까 무
엇을 마실까 몸을 위하여 무엇을 입을까 염려하지 말라 목숨이 음식
보다 중하지 아니하며 몸이 의복보다 중하지 아니하냐 공중의 새를
보라 심지도 않고 거두지도 않고 창고에 모아 들이지도 아니하되 너
희 천부께서 기르시나니 너희는 이것들 보다 귀하지 아니하냐…또
너희가 어찌 의복을 위하여 염려하느냐 들의 백합화가 어떻게 자라
는가 생각하여 보라 수고도 아니하고 길쌈도 아니하느니라 그러나
내가 너희에게 말하노니 솔로몬의 모든 영광으로도 입은 것이 이 꽃
하나만 같지 못하였느니라"(마 6:25 ~ 29).
이런 의식주의 문제를 말씀하시다가 나온 결론이 이 말씀입니다.
"너희는 먼저 그의 나라와 그의 의(義)를 구하라."

먹고 사는 것이 인생의 핵심이 아니라는 이야기입니다.

여기의 「하나님의 나라」, 「하나님의 의」를 '교회에 와서 살아라'는 식으로 이해하면 안 됩니다. 내 모든 삶의 상황 속에서 하나님의 나라를 가장 중요한 가치관으로 삼는가, 주(主)의 나라의 시민답게 나는 살아갈 수 있는가, 모든 인간 관계에서 내가 먹고 사는 것이 어려워져도 하나님의 의를 실현하기를 원하는가, "주님의 뜻대로 살겠습니다. 하나님의 사람답게 살겠습니다. 의롭게 살겠습니다. 정당하게 살겠습니다. 순결하게 살겠습니다"라는 이 의(義)가 내 삶에서 가장 중요한 것이라면 손해를 보아도 이 길을 내 삶의 길로 선택할 수 있는가 하는 이것이 문제입니다.

아브라함은 더욱 중요한 문제를 바라보고 있었습니다. 인간 관계, 하나님이 내게 허락하신 이 관계는 다른 무엇보다 중요하다는 관점에서 보았을 때 아브라함은 그 모든 복잡한 이해 관계를 초월한 사람이 될 수 있었습니다.
"아브람이 롯에게 이르되 우리는 한 골육이라 나나 너나 내 목자나 네 목자나 서로 다투게 말자 네 앞에 온 땅이 있지 아니하냐 나를 떠나라 네가 좌하면 나는 우하고 네가 우하면 나는 좌하리라"(창 13:8,9).

셋째로, 아브라함은 하나님에 대한 신뢰를 바탕으로 결정을 내렸습니다.
아브라함에게 이 결정이 가능할 수 있었던 것은 아브라함의 신앙 때문이라고 생각됩니다. 하나님에 대한 신뢰가 그 마음의 밑바탕에 있었기 때문에 가능한 결정이라고 생각됩니다.
"네가 오른쪽을 택하면 내가 왼쪽을 가고, 네가 왼쪽을 택하면 내가 오른쪽으로 가마."
이 이야기는 네가 좋은 땅을 차지하면 내가 나쁜 땅을 가진다는 이야

기입니다. 여기에는 내가 정당하게 하면, 내 이웃을 사랑하면, 하나
님이 내 삶을 책임져 주실 것이라는 믿음이 있었을 것입니다.
'내가 우리 주님을 기쁘시게 하면, 내가 하나님을 영화롭게 하면, 살
아계신 나의 하나님이, 애굽에서도 내 아내를 지키시고 나에게 돌려
주신 하나님이 내 삶을 책임지고 돕지 않으시겠는가?'
그러므로 그는 "네가 먼저 선택하라"고 말할 수 있었습니다.

이 초월한 사람, 이 자유한 사람, 이 담대한 사람을 보십시오. 이
것이 그리스도인의 여유입니다. 성령으로 살아가는 그리스도인의 배
짱입니다. 손해를 보면서도, 짓밟히면서도 찬송하고 살아가는 이 당
당한 하나님의 사람 아브라함을 보십시오.

3. 믿음에 의한 결정

아브라함의 이러한 제안에 롯이 어떻게 선택합니까?
좋은 편을 선택합니다. 롯의 선택의 근거는 무엇이었습니까?
"이에 롯이 눈을 들어 요단 들을 바라보니 소알까지 온 땅에 물이 넉
넉하니 여호와께서 소돔과 고모라를 멸하시기 전이었는고로 여호와
의 동산같고 애굽 땅과 같았더라"(창 13:10).

그 다음 이야기를 아십니까?
롯의 선택이 가져온 그 결과가 어떻게 되었는지 보십시오.

보이는 대로 그 좋은 땅을 롯은 선택했습니다. 보이는 것에 의한
결정, 그것은 계산에 의한 결정입니다. 그러나 눈에 보이는 선택 그
다음은 어떻게 됩니까?
보이지 않습니다. 그러나 믿음은, 당장 눈에 보이지 않는 믿음은 어
떻습니까?
"믿음은 바라는 것들의 실상이요 보지 못하는 것들의 증거니"(히
11:1).
"그러나 나는 믿습니다. 살아계신 하나님을 신뢰합니다. 하나님의 주

권을 신뢰합니다. 하나님, 내가 주(主)를 기쁘시게 하기를 원합니다. 하나님의 원칙대로 살기를 원합니다. 하나님, 그러면 책임져 주실 것을 믿습니다."
아브라함에게는 이 믿음이 있었기 때문에 그런 결정을 내릴 수 있었습니다.

그 다음에 보면 어떻게 됩니까?
"롯이 아브람을 떠난 후에 여호와께서 아브람에게 이르시되 너는 눈을 들어 너 있는 곳에서 동서남북을 바라보라 보이는 땅을 내가 너와 네 자손에게 주리니 영원히 이르리라 내가 네 자손으로 땅의 티끌 같게 하리니 사람이 땅의 티끌을 능히 셀 수 있을진대 네 자손도 세리라"(창 13:14 ~ 16).
이렇게 결정해 놓고도 아브라함이 만약 저와 같은 사람이라면 조금은 뒷맛이 씁쓸했을 것입니다.
'고약한 놈 같으니라고. 아무리 네가 우하면 내가 좌하겠다고 했지만 그렇게 몽땅 좋은 것만 가져갈 수 있단 말인가?'
그러나 이 씁쓸한 고독의 시간에 다시 나타나신 하나님, 그분은 무엇이라고 말씀하십니까?
"아브라함아, 티끌을 셀 수 있느냐?"
『셀 수가 없지요.』
"그래, 그런데 네 자손이 그렇게 번영할 것이야."
그렇습니다. 하나님이 아십니다. 전능하신 하나님이 이 상황과 사정을 아십니다. 그리고 하나님이 축복하십니다. 아브라함은 이 하나님을 신뢰한 것입니다.

제가 이 아브라함의 사건을 묵상하면서 생각난 구절이 하나 있습니다.
"누구든지 자기를 높이는 자는 낮아지고 누구든지 자기를 낮추는 자는 높아지리라"(마 23:12).

이것은 그리스도인의 역설(paradox)입니다. 주(主)를 위하여 정당하게 살기를 원하면 하나님이 우리를 축복하십니다. 결국 오늘의 문제는 '내가 이기느냐 또 지느냐'는 문제가 아닙니다. '누가 높아지느냐 낮아지느냐'는 문제가 아닙니다. '올바로 사느냐 못 사느냐'는 문제인 것입니다. **주님의 뜻대로 살겠는가, 하나님의 영광을 위하여 살겠는가, 하나님의 뜻대로 살겠는가, 이것이 바로 본문의 도전입니다.**

제가 본문을 보면서 참 재미있게 본 구절이 하나 있습니다. 그것을 보면서 '이것이 왜 여기에 들어 있었을까?'라는 생각을 했습니다. "그러므로 아브람의 가축의 목자와 롯의 가축의 목자가 서로 다투고 또 가나안 사람과 브리스 사람도 그 땅에 거하였는지라"(창 13:7). 아브라함의 목자와 롯의 목자가 다투는 이 장면에서 그냥 그들이 다투었다고 끝나는 것이 아니라 "또 가나안 사람과 브리스 사람도 그 땅에 거하였다"고 기록합니다. 주님의 백성이 다투고 있었을 때에 거기에 가나안 사람도 있었다고 말씀합니다. 그리스도인의 일거수 일투족은 감시당하고 있다는 이 사실을 아십니까?

세상 사람들은 우리를 주목하고 있습니다. 당신을 주목합니다. 저를 주목하고 있습니다. 그래서 우리 중 어떤 사람이 잘못을 범하면 금방 뉴스의 초점이 됩니다. 그들은 우리를 주목하고 있습니다. 우리는 감시당하고 있습니다. 그것이 그리스도인의 삶입니다.

이 감시는 어쩌면 부러움일 수도 있습니다.
"저런 삶을 우리도 살 수 있을까?"
그들은 우리의 삶이 어떻게 다른 것인가를 지켜보고 있습니다. 그리스도인이 아닌 사람들은 우리가 소리치는 멧세지에 감동을 받지 않습니다. 그러나 그들은 우리의 행동을 지켜보고 있습니다.
"내가 무엇을 말하는가" 이것을 보고 있는 것이 아니라 "우리가 어떻게 행동하고 있는가"를 봅니다. 행동으로 우리의 멧세지를, 우리의 신앙을 어떻게 옮기고 있는가를 주목하고 있습니다. 이 감시당하고

있는 세상의 한복판에서 주님의 영광을 위하여 하나님의 사람답게
살아갈 수 있습니까?
아브라함에게 시험이 있었습니다. 그러나 그는 승리했습니다.

본문을 보면 적어도 이긴 사람은 롯이었습니다. 그러나 드라마는
여기에서 끝나지 않습니다. 주께서 일하시기 시작합니다. 당신은 어
디에 서시겠습니까?
예기치 못한 인간 관계로 우리의 마음이 상처와 아픔을 경험할 때,
예기치 못했던 인생의 폭풍우와 회오리바람이 내 삶의 장에 몰아닥
칠 때 우리의 신앙의 진면목은 나타나기 시작합니다. 그때 어떻게 행
동하십니까?
그것이 진짜 나의 모습입니다.
손해 보는 마당에서도 보다 중요한 가치를 의식하고 하나님의 사
람답게 살기를 원했던 아브라함. 그가 이런 삶을 살 수 있었던 비밀
이 어디에 있습니까?
**아브라함에게는 용서와 사랑의 하나님이 있었던 것입니다. 사랑의 하나
님으로 가득한 사람마다 사랑하며 살아갈 수가 있습니다. 용서의 주님으
로 가득한 사람마다 용서하며 살아갈 수가 있습니다.**

단순한 도덕적인 결정만 가지고 이 삶은 불가능합니다.
"아버지여 저희를 사하여 주옵소서 자기의 하는 것을 알지 못함이니
이다."
내 잘못과 허물을 감당하고 십자가에서 피 흘려 절규하며 나를 위해
기도하던 주님, 그 주님이 내 주님이 되어 내 마음과 삶을 지배할 때
우리는 비로소 용서하며 살아갈 수 있습니다. 사랑하며 살아갈 수 있
습니다. 주님이 이 삶을 보여 주셨기 때문입니다. 주께서 성령으로
나에게 이 삶을 명하시기 때문입니다.
"주의 사랑으로, 주의 성령으로 나도 용서하며 사랑하며 살아갈 수
있도록 도와 주시옵소서."

오늘 내 가슴을 치는 이 아픔을 주님 앞에서 보십시오. 그 원인이 내 책임이라고 생각되거든 회개하십시오. 그 책임이 이웃에게 있다고 생각되거든 용서하십시오. 그리고 주님의 나라와 주님의 의(義)를 구하십시오.

"네 마음을 다하고 목숨을 다하고 뜻을 다하여 주 너의 하나님을 사랑하라…네 이웃을 네 몸과 같이 사랑하라"(마 22:37 ~ 39).

"주여, 주께서 내게 말씀하시는 이 음성에 대한 나의 정직하고 투명한 순종의 대답이 내 삶에 나타날 수 있도록 도와 주시옵소서."

4
소돔의 위기와 구원

"아브람이 그 조카의 사로잡혔음을 듣고 집에서 길리고 연습한 자 삼백십팔 인을 거느리고 단까지 쫓아가서 그 가신(家臣)을 나누어 밤을 타서 그들을 쳐서 파하고 다메섹 좌편 호바까지 쫓아가서 모든 빼앗겼던 재물과 자기 조카 롯과 그 재물과 또 부녀와 인민을 다 찾아왔더라"(창 14 : 14~16).

창세기 14 장은 성경에서 전쟁이라는 사건이 제일 처음으로 등장하는 장(章)입니다. 소돔과 고모라를 둘러싸고 있는 아홉 개의 부족 국가들이 오 대 사(5:4)로 나뉘어져 치르는 싸움이 기록되어 있습니다. 본문에는 그 나라의 왕들이라고 기록되어 있습니다만 지금 우리가 생각하는 그런 국가 규모의 왕들로 생각할 수는 없습니다. 그들은 한 부족국가 정도의 왕들이었습니다.

이 전쟁에서 소돔과 고모라의 왕들이 패배하면서 거기에 살고 있는 아브라함의 조카 롯이 전쟁 포로가 됩니다. 이 소식을 듣고 아브라함은 자기의 개인적인 군대였던 사병 삼백십팔 명을 거느리고 이 전쟁에 가담하여 롯과 그의 인척들을 구출하는 싸움을 벌입니다.

1. 전쟁을 보는 그리스도인의 시각

'그리스도인들은 전쟁에 대해서 어떤 견해를 가져야 하는가', '그리스도인은 전쟁을 어떤 관점에서 생각해야만 하는가'라는 류의 물음에 관해서 기독교인들은 역사적으로 두 개의 극단적인 견해를 가지고 토론을 계속해 왔습니다.

한 견해는 소위 「반전론」(反戰論)입니다. 모든 유형의 전쟁을 무조건 죄악으로 규정해서 이 땅에서 영원히 없어져야 할 것으로 보는 입장으로, 「비둘기파」라고 흔히 말하기도 합니다. 이 주장은 대단히 이상적이고 정당한 것 같지만 문제는 현실 감각이 없다는 데 있습니다. 이런 반전주의자들의 주장에도 불구하고 이 지구상에서 전쟁은 끊임없이 발생하고 있기 때문입니다. 이들의 견해는 전쟁을 정죄할 뿐 실제로 일어나고 있는 그 전쟁을 해결할 수 있는 능력을 제공하지 못하고 있습니다. 여기에 반전론의 환상이 있습니다.

또 하나의 입장은 소위 「전쟁 정당화론」입니다. 흔히 「매파이론」이라고도 불립니다. 내가 가담한 혹은 우리가 가담한 전쟁은 다 정당하다고 주장하는 정당화의 이론입니다. 이 논리의 일반적인 특성은 항상 내가 속한 군대는 정의의 편으로 규정하고 상대방은 불의의 편으로 규정하는 것입니다. 여기에 신앙적인 해석이 첨가되면 우리편은 언제나 하나님의 편이고, 상대편은 언제나 마귀의 편으로 규정됩니다. 이런 예는 비단 전쟁뿐 아니라 그리스도인들이 싸울 때도 항상 우리는 하나님의 편이고 상대방은 마귀라고 서로 우기는 경우에도 종종 볼 수 있는 풍경입니다.

성경은 전쟁을 결코 승인하거나 격려하지 않습니다. 그럼에도 불구하고 성경은 불가피한 전쟁의 현실성과 역사성을 긍정합니다. 그리고 많은 경우에 하나님께서는, 전쟁이 결코 바람직한 것은 아니지만, 이 전쟁을 허용하시면서 역사 속에서 하나님의 뜻을 이루어가시는 경륜을 볼 수 있습니다.

그러나 이 말이 그리스도인이 관련하는 모든 전쟁이 정당화될 수 있다는 논리는 결코 아닙니다. 역사를 통해서 기독교인들이 전쟁에 관해서 종종 그릇된 판단을 했던 때가 있습니다. 해서는 안될 전쟁인데 그것이 당연한 전쟁인 것처럼 시작했다가 역사와 세계 앞에 죄악을 저지른 사례가 과거에도 있었고, 지금도 있습니다.

오늘날의 레바논 종교 전쟁 같은 것은 그 명분을 도저히 찾아볼 수 없음에도 불구하고 기독교인들이 이 전쟁에 가담하고 있다는 것은 확실히 불행이고 비극입니다. 과거의 십자군 전쟁 같은 것도 그런 예에 속합니다. "성지(聖地) 탈환"의 명분으로 기독교인들이 성지에 있었던 모슬렘 교도들을 잔인하게 핍박하고 진멸시켰던 사실을 우리는 아직도 역사의 상처로 기억하지 못하고 있습니다. 그 결과가 어떠했는지 아십니까?
지금 이 세상에서 가장 전도하기가 어려운 지역이 중동 지방이 되어버렸습니다. 모슬렘 교도들이 있는 곳입니다. 저는 기독교가 모슬렘 교도들 앞에 과거 십자군 당시에 범한 죄악을 용서해 달라는 용서의 고백이 나와야 한다고 생각하는 사람입니다. 그러지 않고는 이 모슬렘 교도들을 향한 우리의 선교는 상당한 기간 동안 계속 어려울 것입니다.

십자군 전쟁이 처음에는 좋은 명분을 가지고 시작했다고 할지라도 나중에는 전혀 명분이 없는, 정권을 쥐고 있는 사람들의 정권 유지의 수단으로 혹은 경제적인 이욕을 취하기 위한 추악한 전쟁으로 변했습니다. 뿐만 아니라 이 전쟁에 참여한 유럽의 기독교 국가 자체가 결정적으로 붕괴하는 비극을 초래했던 역사를 우리는 알고 있습니다.

세계에 있는 선교 기관들 가운데 중동의 모슬렘 교도들을 상대로 선교할 때 제일 어려움을 겪고 있는 선교 단체가 C.C.C. 라는 「대학생 선교회」입니다. C.C.C. 라는 말은 Campus Cursade for Christ 의 약자입니다. 그 단체의 이름 자체가 문제가 됩니다. 십자군 전쟁이 Crusade 라는 말입니다. 이 Crusade 라는 말만 들으면 모슬렘 교도들은 지금도 치를 떱니다. 과거의 기독교인들에게 잔인하게 당했던 그 박해의 역사를 기억하고 있기 때문입니다. 그래서 Campus Crusade for Christ 가 중동을 상대로 선교하러 들어갈 때에는 다른 이름으로 들어갑니다.

이런 십자군 전쟁 같은 것이 전혀 명분이 없는 전쟁이었음에도 불구하고 기독교라는 깃발 아래 자행된 것은 확실히 기독교와 교회의 역사적인 죄악이라고 규정하지 않을 수 없습니다.

이런 경우에 그리스도인들은 어떻게 행동해야 하는가, 우리나라가 명분없는 전쟁 속에 말려들을 때, 아니 우리 공동체가 이런 전혀 명분없는 전쟁 속에 휘말려 들어갈 때 나는 그리스도인으로서 어떻게 행동해야 하는가가 어느 날 갑자기 우리의 문제가 될 수 있습니다. 이런 경우에, 설혹 내가 속한 국가가 이 전쟁을 지원한다고 할지라도, 그리스도인은 양심선언을 하고 이 전쟁을 거절해야 한다고 저는 생각합니다. 이것이 역사를 밝게 하는 그리스도인들의 기여입니다.

세계 제 2 차 대전 당시 일본의 일부 기독교인들이 일본의 전쟁을 스스로 반대한 것은, 일본이 다 썩었고 세계대전을 초래한 적성국가로 규정되었음에도 불구하고, 일본에는 아직도 양심이 살아있다는 세계직인 긴증이 되었습니다.

독일의 히틀러가 그 많은 죄악을 범하고 있었을 때에 자기 국가가 저지르고 있는 전쟁의 불합리성을 선포하고 이 전쟁을 단호하게 거절했던 본훼퍼(Dietrich Bonhoeffer) 목사나 독일 고백교회의 신앙 선언(바르멘 선언)은 정당한 것입니다.

2. 의로운 전쟁의 기준

그러나 종종 역사 속에는 불가피한 전쟁도 있었습니다. 주께서는 이따금 역사 속에 하나님의 뜻을 실현하기 위한 불가피한 수단으로 의로운 전쟁을 수행하도록 기독교인에게 촉구하실 수도 있습니다. 종종 이런 전쟁은 피할 수 없는 방어적인 차원에서 시작됩니다.

이런 경우에 있어서 대부분 전쟁의 동기가 선합니다. 나와 내 가족의 목숨을 지키기 위해서, 저 많은 무고한 생명들의 살생을 막기 위한 전쟁일 경우에 이 전쟁은 의로운 전쟁으로 규정될 수 있습니다. 이러한 전쟁에 그리스도인들이 가담하는 것은 오히려 의무입니다. 그리고 이런 전쟁들을 하나님이 도우신 역사적인 사례들을 우리는 얼마든지 기억합니다. 구약성경에 나타난 많은 전쟁의 예가 바로 그런 경우에 해당한다고 말할 수 있습니다.

그러나 문제는 무엇이 의로운 전쟁이고 무엇이 불의한 전쟁인가 하는, 이 의로운 전쟁과 소위 불의한 전쟁을 판가름할 수 있는 기준은 도대체 무엇인가 하는 것입니다. 기독교 윤리학자들은 의로운 전쟁의 규정으로서 세 가지의 기준을 제시합니다.

첫째로, 동기에 대한 성찰입니다.

이 전쟁의 동기에 욕심이 없었는가, 우리나라가 욕심과 이기심 때문에 이 전쟁을 시작하지 않았는가 하는 그 동기에 대한 성찰을 해서 거기에 우리의 이기심이나 사욕이 개입되었다면 그 전쟁은 의로운 전쟁이라고 할 수 없습니다. 따라서 우리가 그런 전쟁을 도울 이유는 없습니다.

둘째로, 결과에 대한 전망입니다.

이 전쟁은 결과적으로 어떤 결과를 가져올 것인가, 우리의 공동체에 어떤 유익을 가져올 것인가, 과연 이 많은 희생을 치르고라도 이 전쟁을 수행할 가치가 있는가라는 물음입니다.

맥아더 장군은 한국인들에게는 영원히 영웅으로 기억될 것입니다. 우리는 6.25 사변을 생각할 때마다 맥아더 장군을 추모하고 트루만 대통령을 정죄하기에 바쁩니다. 중국에 원자탄을 떨어뜨리는 것을 주장한 맥아더의 주장이 옳은 것인가 잘못된 주장인가를 살피기에 앞서 한국인들에게는 모두가 다 맥아더 장군의 주장을 승복할 수밖에 없는 국민적인 편견이 있습니다. 그러나 이것을 기독교 윤리의 측면에서 바라볼 때, 비록 우리가 적성국가이지만 원자탄을 떨어뜨려서 그 많은 사람들의 생명을 살상하는 것이 정당한가는 다시 한 번 생각해 볼 문제입니다. 어쩌면 트루만 대통령의 주장이 옳을 수도 있지 않은가라는 역사적 반성도 우리에게 요청되는 것이 사실입니다. 이런 것을 「결과에 대한 전망의 원리」라고 말할 수 있습니다.

셋째로, 역사적인 반성입니다.

이것이 그 후에 좋은 열매가 있었는가, 후세의 역사가들은 이것을 올바른 전쟁이었다고 평가할 수 있는가라는 물음입니다.

이 세 가지의 기준을 가지고 언제나 우리는 오늘날도 끊임없이 세계 도처에서 발발되는 전쟁을 평가해 볼 필요가 있는 것입니다.

3. 아브라함이 가담한 전쟁의 정당성

이제 우리는 이것을 본문에 나타난 아브라함이 가담했던 전쟁에 적용시켜 먼저 생각하려고 합니다. 그리고 또한 우리의 지나간 역사 속의 비폭력 저항인 「삼일 운동」이라는 역사적 사건과 결부시켜 생각해 보려고 합니다.

① 동기에 대한 성찰

믿음의 조상 아브라함이 가담했던 이 전쟁의 동기는 무엇이었습니까?
"아브람이 그 조카의 사로잡혔음을 듣고…"(창 14:14).
자기의 조카 롯이 전쟁의 포로가 되었다는 소식을 듣고 아브라함이 조카를 구출하기 위한 동기로 이 전쟁이 시작됩니다. 아브라함은 이 전쟁에 가담하지 않을 수도 있었습니다. 그리고 이 전쟁에 관계치 아니하면 얼마든지 자기의 평안을 지킬 수 있는 그런 상황이었습니다.
  더욱이 롯은 어떤 인물입니까?
아브라함의 인척이기는 하지만 얼마나 아브라함의 삶의 길에 괴로움과 고통을 더해준 인물입니까?
땅을 나누자는 의견이 있었을 때 아브라함이 너그러운 마음으로 그에게 먼저 기득권을 주었음에도 불구하고 염치 없이 제일 좋은 땅을 차지하겠다고 말했던 사람 롯, 그 롯이 전쟁 포로로 사로잡혀 갔습니다.

  당신이라면 이 소식을 듣고 어떤 소감을 가지리라 생각하십니까?
"통쾌하다."
우리의 어렸을 때 쓰던 언어로 말하자면 이렇게 말했을 것입니다.
"고것 참 샘통이다."
그러나 그럼에도 불구하고 형제의 고난과 아픔을 보고 아브라함은 일어났습니다. **아브라함이 이 전쟁에 가담한 동기는 전적으로 형제에 대한 사랑 때문이었습니다.**

"그 형제가 나를 유익하게 하지 못한 형제라도 그는 여전히 내 골육입니다."

형제의 고난을 이대로 방관할 수 없다고 하는 그 형제에 대한, 가족에 대한, 동포에 대한 애정이 아브라함으로 하여금 이 전쟁에 가담하게 만든 것입니다. 그리고 피할 수 없이 먼저 일어난 이 전쟁에 대한 불가피성이 아브라함으로 하여금 이 전쟁에 참여하게 만든 또 하나의 이유가 됩니다. 이것은 의로운 전쟁입니다.

② 결과에 대한 전망

'이 전쟁이 어떤 결과를 가져올 것인가?'

아브라함이 이 생각을 하지 않았겠습니까?

14절을 다시 보시면 아브라함이 그 조카의 사로잡혔음을 듣고 집에서 길리고 연습한 자 삼백십팔 인을 거느리고 출전합니다.

삼백십팔 명을 많다고는 생각하지 마십시오. 아무리 부족국가라고 하지만 상대는 네 국가의 연합군입니다. 이 어마어마한 상대에 대해 겨우 삼백십팔 명의 사병을 가지고 전쟁을 시작한다는 이것이 승산이 있는 전쟁입니까?

그러나 아브라함은 이 전쟁을 감행합니다.

이런 아브라함의 용기가 어디에서부터 나왔다고 생각하십니까? 본문에 그 기록은 없지만 저는 이 아브라함의 용기는 창세기 12장의 경험 때문에 가능했었다고 생각합니다.

창세기 12장에서 아브라함은 애굽에 내려갔습니다. 거기에서 그는 자기의 목숨을 구차하게 지키기 위해서 자기의 아내에게 "누가 묻거든 아내라 하지 말고 누이라고 말하라"고 거짓말까지 종용합니다. 이런 치사한 행동을 했음에도 불구하고 하나님이 놀랍게도 그 아내 사라를 지켜 주십니다. 그리고 한 나라의 왕 바로가 뜻밖에도 아브라함에게 모든 것을 떼어 주면서 다시 고향으로 돌아가도록 선언합니다.

이 극적인 드라마를 경험하면서 아브라함이 무슨 교훈을 배웠을까요?

'나는 비록 형편없이 잘못된 인간이지만 나에게는 은혜를 베푸시는 하나님이 계시다.'

애굽의 바로까지도 섭리하셔서 아내를 보호하신 하나님의 놀라우신 성취와 전능성을 그는 애굽 땅에서 체험했습니다.

그때부터 아브라함은 하나님이 그의 편이라고 생각했을 것입니다. 이것은 아브라함의 삶에 대한 전망을 다르게 만들었을 것입니다.

'비록 나에게 속한 군사가 삼백십팔 명밖에 안 되지만 하나님이 내 편이시라면….'

이것이 아브라함으로 하여금 전망이 없는 전쟁에 용감하게 출사표를 던지게 만든 원천이 아니겠습니까?

이 전쟁이 성립할 수 있었던 것은 하나님을 의지하는 아브라함의 믿음 때문입니다. 그가 하나님을 신뢰한 것입니다. 그의 믿음이 이 전쟁에 감히 뛰어들게 만든 원동력이라고 생각됩니다.

③ 역사적인 반성

이 전쟁은 어떤 결과를 낳았습니까?

본문 20절 이하에 보시면 아브라함이 전쟁에서 승리하고 돌아올 때 아주 이상한 한 인물을 만납니다. 그는 멜기세덱 제사장입니다. 히브리서에 의하면 멜기세덱은 처음도 없고 나중도 없고, 부모도 없고 조상도 없는 괴상한 인물로 그려져 있습니다. 그러면서 이 멜기세덱에 관하여 우리가 확실하게 말할 수 있는 한 가지는 하나님의 아들과 방불한 인물이라는 것입니다. 사실 그는 하나님 자신의 현현(顯

現)이라고도 말할 수 있습니다. 이 이상한 인물 멜기세덱을 개선 장군인 아브라함이 귀로에 만납니다.

그런데 이 인물이 아브라함에게 이렇게 멧세지를 전달합니다.
"너의 대적을 네 손에 붙이신 지극히 높으신 하나님을 찬송할지로다"
(창 14:20).
아브라함이 싸울 때 하나님을 얼마나 의식했는지는 모르겠습니다.
사실 아브라함은 이 전쟁의 승리의 모든 공을 자신에게 돌릴 수도 있습니다.
"나의 부하 사병이 얼마 되지 않지만 내가 전쟁에 이렇게 승리할 수 있었다. 이 전쟁에 승리한 나를 보라."
전쟁의 승리의 공을 자기 자신에게 얼마든지 돌릴 수 있는 이런 상황 속에서 승리의 귀환길에서 만난 이상한 인물은 말합니다.
"아브라함이여, 너의 대적을 네 손에 붙이신 하나님을 찬양하라."

멜기세덱의 말은 무슨 이야기입니까?
"아브라함아, 이 승리는 네가 얻은 승리가 아니야. 하나님이 도와 주셨어. 하나님이 네 승리의 원인이야. 오늘 너의 승리, 너의 번영이, 너의 성공의 원인이 네 자신의 노력과 땀흘림 때문이라고 착각하지 말아라."
우리가 얼마나 그런 착각을 자주합니까?
장사해서 돈 좀 벌게 되면 지나간 세월 동안 땀흘려 노력했던 내 노동이 얼마나 자랑스럽게 생각됩니까?
그때 우리는 이상하게 이 물질 앞에 묶이기 시작합니다. 그리고 깜빡 잊어버립니다. 오늘 나의 번영이 하나님 때문이라는 사실을.
주께서 나에게 건강을 주시고, 주께서 나의 생존을 가능하게 하시고, 주께서 나에게 이 환경을 주시고 도와 주셨습니다. 그 하나님이 내 생존의 근원이시고, 내 축복의 근원이시고, 내 승리의 원인이 되십니다. 그런데 우리가 얼마나 그 사실을 자주 망각합니까?

이 멧세지를 듣고 아브라함이 어떠한 반응을 보입니까?

그 다음에 보니까 아브라함이 그가 취한 전리품 가운데서 십분의 일을 드렸다고 기록되어 있습니다. "하나님이 승리하게 만드셨으니까 이것은 하나님의 것입니다"라고 하나님께 바치는 것, 이것은 감사의 표현입니다. 하나님을 찬양하는 것입니다. 다시 말하면 이 승리는 아브라함을 교만하게 만들지 않았습니다. 하나님의 멧세지를 듣고 아브라함은 이 승리 앞에서 겸손할 수 있었습니다. **승리에 도취하지 않고 승리의 결과를 남용하지도 않고 하나님 앞에 감사와 찬양을 기꺼이 드렸던 아브라함. 그러니까 이 전쟁은 아브라함에게 좋은 결과를, 그리고 신앙적인 결과를 가져온 것입니다.**

그뿐 아니라 소돔 왕에게 아브라함은 이렇게 말합니다.

"네 말이 내가 아브람으로 치부케 하였다 할까 하여 네게 속한 것은 무론 한 실이나 신들메라도 내가 취하지 아니하리라 오직 소년들의 먹은 것과 나와 동행한 아넬과 에스골과 마므레의 분깃을 제할지니 그들이 그 분깃을 취할 것이니라"(창 14:23,24).

당연히 아브라함은 전쟁의 승자로서 전리품 모든 것을 다 차지해도 됩니다. 그런데 소돔 왕에게 그렇게 말합니다. 이것은 무슨 뜻입니까?

깨끗하고 싶다는 이야기입니다.

"이 승리의 원인이 하나님이시기 때문에 나는 이것을 손대지 않겠소. 다만 내 부하들에게는 당연한 보상을 해 주시오."

주(主)의 멧세지가 적절하게 들려왔고, 이 멧세지를 들을 줄 알았던 아브라함, 그는 주(主) 앞에 찬양했습니다. 감사했습니다. 그리고 주님 앞에서 깨끗하고 건강한 증거의 삶을 살았습니다. 이 전쟁은 결과적으로 아브라함을 유익하게 만들었습니다. 그런 의미에서 이 전쟁은 충분히 정당화될 수 있는 전쟁입니다. 의로운 전쟁입니다.

4. 삼일 운동에 대한 평가

이제 우리는 지나간 민족사의 한 중요한 사건인 「삼일 운동」을 생각하기로 하겠습니다. 이것은 전쟁은 아니지만 의거(義擧)입니다. 이 운동을 그리스도인인 우리는 어떻게 평가해야 옳습니까?

앞의 세 가지 윤리적인 기준을 다시 이 사건에 적용시켜 보십시오.

① 동기에 대한 성찰

삼일 운동은 독립을 위한 우리의 투쟁이었습니다. 그러나 단순한 투쟁이 아니었습니다. 삼일 독립 선언서에 나타난 이 운동의 정신은 이런 것입니다.

"일본에 대한 배타적 감정을 갖지 말자. 저들을 죽이거나 몰아내는 것이 우리의 목적만은 아니다. 의(義)를 실현하자. 자유를 지키자."

이토록 차원 높은 윤리적 선언을 했던 우리의 선조들 앞에 우리는 후손으로서 자부심을 가져도 됩니다. 이 놀라운 선언을 우리는 찾아볼 수 있습니다. 그 동기는 확실히 선했습니다.

② 결과에 대한 전망

우리의 선조들이 이 운동의 결과가 어떠하리라 예측하고 이 운동을 벌였다고 생각하십니까?

그들은 물론 한 번 일어나서 만세 부른다고 독립이 당장 이루어질 것이라고 기대하지는 않았을 것입니다. 그러나 독립 선언서에 나타난 이 취지를 보십시오.

"이것이 우리의 양심을 깨울 것이다. 그리고 깨어 일어나는 양심은 우리 민족의 자주 독립의 기초가 될 것이다. 뿐만 아니라 그것은 우리를 누르고 있는 저 일본 사람들의 양심도 깨울 것이다. 그러기 위해서 우리는 철저하게 이 운동을 비폭력으로 해야 한다. 그래서 전세계에 자유 정신의 부활을 외쳐야 한다."
이것은 참으로 우리가 자부심을 가져야 할 민족사의 위대한 정신적 유산이 아닐 수 없습니다. 여기 역사에 대한 올바른 전망을 했던 자랑스러운 우리 선조들의 모습을 볼 수 있습니다.

③ 역사적인 반성

우리는 이 운동이 있었기 때문에 의(義)를 위해서 일어나는 운동의 모델(model)을 갖게 되었습니다. 삼일 운동은 언제나 의로운 항거의 전거(典據)였습니다. 다만 부족한 것이 있다면 그것은 기독교적 해석이 이 운동에 대해서 풍성하지 못했다는 반성입니다.

이 운동의 주도자들은 확실히 기독교인들이었습니다. 놀라운 사실은 이 운동 전체에 참여한 사람들의 22 퍼센트가 기독교인이었다는 사실입니다. 그때 전 인구 중에서 기독교인이 차지하는 비율은 불과 1.6 퍼센트밖에 되지 않았습니다. 그리고 이 운동에 관해서 전 기독교인들이 일치된 하나의 견해를 창출할 수가 있었다는 사실도 놀랍습니다. 그렇게 자주 분열되는 아픔을 가진 우리의 민족사가 하나의 목적 앞에 이렇게 순결하게 하나로 뭉쳤던 사건이 역사 속에 어디에 다시 있었습니까?

1919 년 4 월 30 일, 미국 기독교 연합회 동양 문제 위원회에서 발표한 문서 가운데 이런 문서가 남아 있습니다. 그것은 삼일 운동이 일어난 바로 직후에 한국인들이 아닌 미국인들의 시각 속에 비친 이 운동에 대한 평가 문서입니다.
"예수교회가 이번 운동에 참여한 것이 정당했다고 믿지 않을 사람은 한 사람도 없다. 예수교인만이 현 시점에서 국제 정세에 정통하여 민족 자결의 횃불을 들겠다는 판단을 내렸다. 그것도 시간적으로 보아 이때가 가장 적당하다고 판단하리만큼 그 안목이 트여 있었다."

어떤 의미에서는 그 당시의 기독교인들이 오늘날의 기독교인들보다 훨씬 더 통찰력 있는 역사 의식을 가졌다고 말할 수 있을 것입니다.

그 다음 계속되는 내용을 보십시오.
"예수교인의 이와 같은 용기있는 행동과 의의있는 존재양식이 없었더라면 이 운동이 호소하려고 했던 이념이 전국에 그토록 무섭게 작용하지는 못했을 것이다."
이 문서는 이렇게 끝납니다.
"예수교인만이 참혹한 식민 정책에서 소망을 포기하지 않았던 유일한 부류의 한국 국민이다."
이것은 의로운 항거였습니다.

④ 삼일 운동에 대한 기독교적 해석

그러나 삼일 운동에 대한 기독교적 해석은 아직까지도 나오지 못하고 있습니다. 그리스도인들의 정신이 이만큼 이 운동을 가능하게 만들었다면 우리는 이 사건에 대해 지금쯤은 이런 결론이 나와야 합니다.
"하나님 때문입니다."
물론 그 당시의 많은 국민들이 하나님을 바라본 것은 아닙니다. 하나님은 무대 뒤에 숨어 계셨습니다. 그러나 이러한 사건의 배후에 하나님의 간섭이 없었다고 말할 수 있겠습니까?
아브라함도 전쟁에서 하나님을 그렇게 많이 의식하지 못했을지도 모릅니다. 그래서 자칫 잘못하면 전쟁에 승리한 공을 자기에게 돌릴 수 있었습니다. 그러나 이 문제를 주께서 아셨기 때문에 멜기세덱을 보내시고 전쟁에 대한 하나님의 도우심을 선포하게 하셨습니다.
"네 대적을 네 손에 붙여 승리케 하신 하나님을 찬양하라. 이것은 네 승리가 아니라 하나님의 승리다."

그렇습니다. 민족사의 한 순간 속에 하나님이 간섭하시고 우리를 도와주셨습니다. 우리의 민족 전체가 그때 하나님을 안 것은 아니었지만 하나님은 역사의 배후에 계셨습니다. 그분이 단순히 기독교인만의 하나님이 아니고 모든 인류의 하나님이시라면, 우리의 역사와 하나님이 무관했다고 결론을 내릴 수 없습니다. 역사의 배후에 하나님이 계셨습니다. 따라서 우리는 이제 단순한 지나간 역사의 교훈을 배우기 위해서만 이 운동의 의미를 찾을 것이 아니라, 하나님의 은혜와 섭리라는 관점에서 이 운동을 다시 보아야 합니다.

이것이 당신과 저의 삶에 어떤 관련이 있습니까?
우리에게 비록 지금 대하여 싸우고 있는 뚜렷한 적이 없다고 할지라도 인생이라는 광야에서 우리는 끊임없는 전쟁과 싸움을 경험합니다. 그것은 작은 싸움일 수도 있습니다. 시시한 싸움일 수도 있습니다. 이웃과의 별로 중요하지 않은 어떤 문제로 말미암아 일어나는 정신적 갈등일 수도 있습니다. 그러나 싸움은 계속되고 있습니다. 이런 싸움이 어느 날 내 삶 속에 다가올 때 나는 어떻게 행동해야 합니까?
할 수 있거든 싸우지 마십시오. "할 수 있거든 평화하라"는 것이 주님의 가르침입니다. 그러나 도피할 수 없는 전쟁과 싸움의 회오리 앞에 우리가 선다면 우리는 반드시 이것을 물어야 합니다.
'이것이 의로운 싸움일 수 있는가? 이것이 싸울 만한 가치가 있는 싸움인가?'
만일 이것이 의로운 전쟁일 수 없다면 싸움을 포기하는 것이 의(義)입니다.

그러나 이 전쟁이 의로운 전쟁일 수 있다면, 또 의로운 전쟁이기 위해서는 다음의 세 가지의 질문을 통과해야 합니다.
첫째로, "우리의 동기는 선한가?"
둘째로, "이것은 어떤 결과를 가져올 것인가?"

셋째로, 후세의 역사가들은 오늘 나의 싸움을 참으로 의로운 싸움이었다고 평가할 수 있는가?

만일 이 세 가지의 질문에 당신이 합당한 대답을 얻을 수 없다면 그 싸움을 거부하십시오. 그것이 의(義)입니다.

그러나 의로운 전쟁이라는 결론이 나왔다면, 하나님의 도우심을 믿고 당당하게 싸움터에 서십시오. 내 동족이 위기에 처했을 때, 아니 나의 사랑하는 이들이 곤란과 어려움 속에 처했을 때 전능하신 하나님의 도우심을 믿고 당당하게 서십시오. 그리고 주께서 승리를 주시거든 이것이 하나님 때문인 것을 알고 그분 앞에 영광과 찬양을 돌리십시오. 그리고 성실하게 사십시오. 이것이 역사의 교훈입니다.

우리의 싸움은 궁극적으로 사랑의 싸움이었다고 먼 훗날 말할 수 있어야 합니다. 그리고 이것은 우리의 평화를 위한 하나님의 유익한 선(善)을 가져와야 합니다. 오늘 우리는 우리 민족이 가졌던 역사적 자부심의 사건인 삼일 운동에서 어떤 교훈을 배우고 있습니까?

저는 이 삼일 운동을 생각하면서 삼일 운동에 관한 문서들을 뒤지면서 우리의 신앙의 선배들 앞에 많은 부끄러움을 느꼈습니다. 1919년 3월 21일, 삼일 만세 사건으로 잡혀갔던 한 기독교 여신도의 진술이 이렇게 기록되어 있습니다.

"나는 평양에서 3월 2일에 체포되어 구금되었다. 감옥에는 여자들도 여럿 있었고 남자들도 많이 있었다. 경관들은 삼일 운동의 이유보다도 우리가 기독교인인가를 가장 자세하게 묻고 따졌다.

내가 들어간 감방에는 열두 명의 감리교 여자들과 두 명의 장로교 여자 및 한 명의 천도교 여자가 있었다. 감리교 여자 중 세 사람은 전도부인이었다. 그런데 경관들은 채찍으로 우리 여자들을 내리치면서 옷을 다 벗기고 벌거숭이로 여러 남자들 앞에 세워 놓았다.

그들은 나에 대해서는 길거리에서 만세를 불렀다는 것과 내가 기독교인이라는 죄목밖에는 찾지 못했다. 그들은 내 몸을 마구 돌아가면서 때렸다. 그리고는 양손을 뒤로 해서 꽁꽁 묶고 옷을 벗기고 다시 또 때렸다. 전신에 땀이 흐르고 나는 정신을 잃었다. 찬물이 끼얹어졌다. 춥다고 말하니까 이번엔 담배불로 내 살을 지졌다. 어떤 여자도 나처럼 정신을 잃도록 심한 매를 맞았다. 전도부인은 두 손뿐만이 아니라 두 발까지 꽁꽁 묶어 기둥에 매달았다.

우리는 성경책을 다 빼앗기고, 기도는 고사하고 서로 말도 못하게 했다. 사람으로는 견딜 수 없는 무서운 욕설과 조롱을 받았다. 내가 기독교인이기 때문에. 내가 기독교인이기 때문에…."

불과 70년 전에 일어난 사건입니다. 우리의 신앙의 할머니 할아버지들의 경험이었습니다.

그런데 오늘 우리의 모습은 어떻습니까?

먹고 사는 것밖에는 생각하지 못하는 삶 속에 묶여 있습니다. 역사를 걱정하는 마음이 없습니다. 이웃을 사랑하려는 고민이 없습니다. 하나님 앞에서 바르게 살려는 고민이 없습니다.

지금 우리의 신앙에 대한 반성이 필요하다고 생각되지 않으십니까?

하나님을 위해서 당신은 어떻게 사십니까?

"주여, 제가 이 지나간 역사적 교훈 앞에 배우게 하시고, 자라나는 후손 앞에 부끄럽지 않게 살아가게 도와 주시옵소서."

5

최초로 언급된 이신득의

"여호와의 말씀이 그에게 임하여 가라사대 그 사람은 너의 후사가 아니라 네 몸에서 날 자가 네 후사가 되리니 하시고 그를 이끌고 밖으로 나가 가라사대 하늘을 우러러 뭇별을 셀 수 있나 보라 또 그에게 이르시되 네 자손이 이와 같으리라 아브람이 여호와를 믿으니 여호와께서 이를 그의 의(義)로 여기시고 또 그에게 이르시되 나는 이 땅을 네게 주어 업을 삼게 하려고 너를 갈대아 우르에서 이끌어낸 여호와로라" (창 15 : 4~7).

본문에서 가장 유명한 구절은 6절입니다.
"아브람이 여호와를 믿으니 여호와께서 이를 그의 의(義)로 여기시고."

여기에서 믿음으로 아브라함이 의롭다 함을 얻었다고 합니다. 이것을 「이신득의」(以信得義) 혹은 믿음으로 의롭다 칭함을 얻었다고 해서 「이신칭의」(以信稱義)라고 합니다. 이것은 기독교의 교리 가운데서 가장 위대하고 중요한 교리 중 하나입니다. 이 유명한 교리의 고백이 맨 처음 성경에 나타나는 장면이 바로 이 부분입니다.

이신득의의 교리는 소위 신학적으로 말하면 바울 신학의 핵심입니다. 바울 신학의 위대한 핵심은 믿음으로만 의롭다 함을 얻는다는 사상입니다. 이것은 또한 종교개혁의 주제였습니다. 마르틴 루터 (Martin Luther)가 이 위대한 교리를 가지고 카톨릭과 싸운 것입니다.

"오직 믿음으로만 의롭다 함을 얻는다."

그래서 이것은 개신교 신학의 핵심 교리라고 일컬어지기도 합니다. 이 교리 때문에 카톨릭과 개신교가 다른 길을 가게 된 것입니다. 그러므로 이 교리의 심장을 이해하지 못하면 카톨릭과 개신교의 역사적 갈등의 의미도 알 수 없습니다.

이신득의의 사상, 이것은 기독교의 구원 교리의 심장입니다. 사람이 어떻게 구원받을 수 있습니까?

우리가 교회에 나오고 기도회에 출석하고 평생 주님을 섬기고 봉사해도 나중에 구원받지 못하면 말짱 도루묵입니다. 구원의 문제처럼 심각한 것이 없습니다. 그런데 그 중요한 기독교 구원론의 심장이 바로 이신득의의 교리, 이신칭의의 교리이고, 이것이 성경에 처음으로 나타나 있는 대목이 바로 본문입니다.

1. 상황적 배경

본문에서 하나님께서 아브라함에게 이 말씀을 하신 의미를 좀더 자세히 알기 위해서 이 말씀이 나타나는 상황을 생각할 필요가 있습니다. 민지 본문의 배경은, 아브리함이 삼백십팔 명의 사병을 거느리고 네 나라의 왕과 대결하여 승리합니다. 그런데 이 승리는 일종의 기습적인 승리였습니다. 그러니까 승리감에 취해 방심하고 있던 적을 야간에 기습해서 얻어낸 승리였습니다. 설혹 그렇더라도 이것은 아브라함이 단순히 그의 기습적인 공격을 통해서만 승리했다고 말해서는 안 됩니다. 아브라함의 승리의 배후에는 하나님의 은혜가 있었습니다. 이 사실을 우리는 앞 장에서 생각했습니다. 그런데 비록 이기기는 했지만 적의 군대가 더 많았습니다. 그래서 아브라함은 다시 적에게 반격을 받지 않을까라는 심각한 두려움에 싸이게 된 것입니다. 이것이 본문이 시작되는 상황입니다.

바로 이런 상황 속에서 하나님이 말씀하십니다.
"이 후에 여호와의 말씀이 이상(異象) 중에 아브람에게 임하여 가라사대 아브람아 두려워 말라 나는 너의 방패요 너의 지극히 큰 상급이니라"(창 15:1).
제일 처음 하나님의 말씀이 "두려워 말라"는 것입니다. 아브라함이 두려워하고 있다는 것을 하나님이 아셨습니다. 하나님의 은혜로 승리했음에도 불구하고, 하나님이 내 편에 계시다는 사실을 알고 확신함에도 불구하고 그러나 현실적으로 볼 때 역시 두려워할 수밖에 없는 것이 아브라함을 둘러싸고 있는 환경이었습니다. 여기에 아브라함의 두려움이 있습니다. 바로 이때에 하나님이 나타나셨습니다. 그리고 아브라함에게 말씀하십니다.
"두려워 말라."

그러면서 하나님이 아주 놀라운 선언을 하십니다.

"나는 너의 방패요 너의 지극히 큰 상급이니라."
적의 공격이 언제 어떻게 몰려온다 할지라도 내가 너를 지키겠다는
선언입니다.

소극적으로 하나님은 아브라함의 방패가 되실 뿐만이 아니라 적극
적으로 하나님은 아브라함의 상급이십니다. 하나님이 아브라함을 도
우실 것입니다. 하나님이 끊임없이 아브라함을 은혜로 인도하실 것
입니다. 이 아름다운 선언이 이 한 마디에 귀하게 함축되어 있습니다.
"나는 너의 상급이니라."

하나님의 이 말씀을 듣자마자 아마 아브라함의 두려움이 사라졌을
것입니다.
'아 그렇군, 하나님이 나와 함께하시는구나.'
그러나 그러면서도 아브라함의 마음 속에 평소의 가지고 있었던 깊
은 고민 하나가 있습니다. 그래서 "기회는 이때"라고 생각하고 이 고
민을 털어놓기 시작합니다. 아브라함의 깊은 인간적인 고민은 자식
이 없는 것이었습니다.
"하나님, 제게는 자식이 없습니다."
하나님이 자식을 약속하셨습니다. 그러나 아브라함은 자식을 낳을
수 있는 한계를 이미 넘어서기 시작했습니다. 나이 백살을 육박해 가
는 그가 어떻게 아들을 낳을 수 있겠습니까?
주께서 약속하셨음에도 불구하고 이 약속을 이룰 수 있는 희망이 점
점 아브라함에게서 멀어져가기 시작합니다.

그러나 이 약속은 하나님께서 아브라함을 처음 부르실 때부터 주
신 약속입니다.
"내가 너로 큰 민족을 이루고 네게 복을 주어 네 이름을 창대케 하리
니 너는 복의 근원이 될지라 너를 축복하는 자에게는 내가 복을 내리
고 너를 저주하는 자에게는 내가 저주하리니 땅의 모든 족속이 너를
인하여 복을 얻을 것이니라"(창 12:2,3).

뿐만 아니라 이 약속은 계속적으로 아브라함에게 확인되었습니다. "내가 네 자손으로 땅의 티끌같게 하리니 사람이 땅의 티끌을 능히 셀 수 있을진대 네 자손도 세리라"(창 13:16).
하지만 아직도 자손이 하늘의 별처럼 바닷가의 모래알처럼 많아지기는 커녕 하나도 없습니다. 왜 아브라함에게 인간적인 고민이 없겠습니까?

"내가 너의 방패야. 내가 너의 상급이야. 내가 함께하마."
이 하나님의 약속을 받고 이제 적의 반격에 대한 두려움은 사라졌지만 자기 마음 속에 있었던 한 가지 고민, 하나님이 약속하셨음에도 불구하고 아직 실현되지 않은 그 약속의 말씀에 대한 의심이 있었습니다. 그리고 그것도 그의 인간적 고민이기도 했습니다. 그래서 이 기회를 틈타서 하나님께 솔직히 고백합니다.
"주님이 제 상급이시라고요? 자식도 안 주셨잖아요?"
그러면서 무엇이라고 말합니까?
"하나님, 이제는 다 틀렸습니다. 그러니까 저는 저의 상속자로 다메섹 엘리에셀을 삼겠습니다."
바로 이러한 대화를 중심으로 해서 하나님이 아브라함에게 여전히 그와의 약속이 무효화된 것이 아니라 약속 그대로 자손은 주어진다는 것을 확인시키십니다. 그러면서 이제 하나님이 아브라함을 향해 이 놀라운 선언을 하시는 것입니다.
"아브라함이 여호와를 믿으니 여호와께서 이를 그의 의(義)로 여기시고."
이 이신득의의 위대한 진리를 계시하시는 결정적 사건의 전기로 삼으셨던 것입니다. 이것이 본문의 상황입니다.

2. 하나님을 믿는 신앙과 나를 믿는 신앙

기독교 신앙의 핵심은 한 마디로 말해서 하나님을 믿는 것입니다. 그런데 하나님을 믿는 것이 쉽지가 않습니다. 하나님을 믿는 일에 있어서, 이 신앙의 여정에 있어서 제일 어려운 방해물이 누구라고 생각하십니까?

하나님을 믿는 일에 있어서 가장 커다란 방해물은 믿지 않는 사람이 아니라 나 자신일 수 있습니다.

우리는 하나님을 신뢰한다고 말하면서도 끊임없이 자신을 믿으려고 합니다. 왜 그렇습니까?

이것이 바로 타락한 인간의 자의식입니다.

'나는 아직도 무슨 업적이 있다.'

자기 자신에게 무슨 공로나 있는 것처럼 끊임없이 자기를 바라보려는 마음, 이것이 타락한 인간의 유혹입니다.

하나님을 바라보도록 지음받은 인간이 그 시선을 자기에게로 옮겨버렸습니다. 그리고 끊임없이 하나님을 배제한 자기 자신만을 신뢰하는 길을 걸어가려고 합니다. 이것이 하나님이 없는 휴매니즘의 비극입니다. 우리는 끊임없이 우리 자신을 믿으려고 합니다. 신앙 생활을 하면서도, 하나님을 신뢰한다고 고백하면서도 우리는 끊임없이 자기를 붙들려고 합니다. 그래서 우리는 결국은 하나님을 신뢰하지 못하고 있습니다. 이것이 우리 신앙의 딜레마입니다.

아브라함에게도 자랑할 만한 선행(善行)이 전혀 없었던 것은 아닙니다. 누구나가 자기 자신에게 집착해서 내가 자랑할 것이 무엇인가를 찾으면 찾는 것처럼, 아브라함에게도 찾기를 원하면 찾을 수 있는 선행이 얼마든지 있습니다.

우선 아브라함이 갈대아 우르를 떠난 것, 이것은 얼마나 장한 일입니까?

하나님이 말씀하시매 그는 그 말씀을 신뢰하고 알지 못하는 미지의 땅을 향해서 떠났습니다. 그러나 이 사건을 들어서 하나님이 아브라함을 의롭다고 하시지 않았습니다.

창세기 14장에 보시면 아브라함이 여러 왕들과의 전쟁에서 놀라운 승리를 거두었습니다. 이것은 그 업적임에 틀림이 없습니다. 그런데도 이 사건을 근거로 하나님이 아브라함을 의롭다고 하시지 않습니다.

또 멜기세덱에게 그가 승리의 전리품 가운데 십분의 일을 바친 것도 잘한 일입니다. 그러난 이 잘한 일 다음에 하나님이 너는 의롭다고 말씀하시지 않은 것을 주목해서 보시기 바랍니다.

또 소돔 왕이 전쟁에 공을 세운 이 아브라함에게 전리품을 다 가지라고 말했습니다. 그때 아브라함은 그것을 거절했습니다. 이것도 잘한 일입니다. 이 잘한 일 다음에 하나님이 아브라함에게 "너는 의롭다. 참 잘했다"고 하시지 않았습니다. 만약 이런 사건들을 근거로 해서 하나님이 아브라함을 의롭다고 선언하셨으면 아브라함은 자기 자신을 자랑하고 싶은 유혹을 극복할 수 없었을 것입니다.

1 약속의 대체용들

자식을 낳는 문제만은 마음대로 할 수 없는 일입니다. 이 자녀의 문제만은 마음대로 되는 것이 아닙니다. 아브라함은 이제 하나님의 약속을 통해서 이루어질 소망을 어느 정도는 포기한 것 같습니다. 그래서 '주님이 약속하셨지만 설마 이 나이에 그것이 어떻게 가능하겠는가'라고 생각해서 주의 약속을 접어두고 다른 누구로 대체해 보려고 합니다.

첫번째 대체 / 다메섹 엘리에셀
다메섹 엘리에셀은 아브라함의 종 중의 한 사람입니다.
"하나님, 이 종을 후계자로 삼으면 되지 않습니까? 따로 주시려고 수고하실 필요 없습니다."
이렇게 자기 인간의 잔 꾀로 하나님의 계획을 대신해 보려고 했습니다. 그러나 하나님이 거절하십니다.
『그 사람은 너의 후계자가 아니야.』
사실 이 말씀을 들었다고 해서 아브라함이 금방 쉽게 바뀐 것은 아닙니다. 그것이 바로 인간입니다. 믿음으로 의롭다 함을 얻은 이 사건 바로 다음에도 아브라함이 여전히 흔들거리는 모습을 볼 수 있습니다. 그만큼 우리는 하나님을 신뢰한다고 고백하면서도 한편으로는 끊임없이 신뢰하지 못하고 끊임없이 자기 자신에게 시선을 돌리는 철저한 부패성을 가지고 있습니다.

두번째 대체 / 이스마엘
창세기 16 장에 보시면 또 다른 대체물이 등장합니다. 하나님이 약속하신 그 자손을 기다리지 못하고 다른 방법을 사용합니다. 약속의 자손은 누구를 통해서 이루어져야 합니까?
사라를 통해서입니다. 그런데 사라를 통해서는 계속 소식이 없습니다. 그러니까 한 번 더 아브라함이 잔꾀를 부립니다. 그래서 여종 하갈을 통해서 자식을 얻습니다. 그 자식의 이름이 이스마엘입니다.
  아브라함이 자식을 얻기는 얻었습니다. 그러나 그것은 하나님의 방법으로 얻은 것이 아니라 자기의 방법으로 얻은 것입니다. 아브라함의 육신의 계획과 방법에 의지해서 얻어진 이스마엘을 하나님은 승인하지 않으십니다.

② 은혜 언약과 율법 언약

지금 이 싸움은 하나님의 약속에 의해서 하나님의 방법으로 하나님에 의해 주어지는 것을 받겠는가, 아니면 내 방법 내 노력으로 몸부림쳐서 얻을 것인가의 싸움입니다. 주님의 약속을 의지하고 사는가, 아니면 나 자신을 의지하고 사는가라는 이 싸움이 바로 두 자식을 통해 상징적으로 나타나고 있는 것입니다.
  이것은 대단히 중요한 사건입니다. 먼 훗날 바울 사도는 신약에서 이 진리를 이렇게 설명하고 있습니다.

"내게 말하라 율법 아래 있고자 하는 자들아 율법을 듣지 못하였느냐"(갈 4:21).

여기에 율법을 통하여 신앙의 길을 가고자 하는 사람과 하나님의 은혜를 통하여 신앙의 길을 가고자 하는 두 종류의 사람이 있습니다.

타락한 인간은 하나님의 은혜로 구원을 받는다는 이 교리를 받아들이기를 좋아하지 않습니다. 왜냐하면 내가 무엇을 했다는, 자기의 공로를 자랑하고 싶은 이 부패한 인간성 때문입니다. 그래서 주님의 은혜로 하나님의 구원이 주어진다는 사실을 받아들이지 못합니다. 끊임없이 내가 무엇을 행했다고 자기의 행위를 주장하고 싶어하는 것이 인간의 모습입니다. 그래서 "행함으로 구원을 얻는다"는 말이 듣기에는 굉장히 좋은 것 같습니다. 그러나 이것은 기독교의 복음의 정반대인 것입니다.

아무도 행함으로 구원받을 수 없습니다. 미안하지만 당신의 최선의 행함도 하나님 앞에서 구원받기에는 전적으로 무력합니다. 여기에 인간의 철저한 무력이 있습니다. 자존심 상하지만 이것을 받아들이고 나의 무능과 부패를 알고 하나님의 은혜를 의존하기 전까지는 구원의 소망이 없습니다. 이것이 복음입니다. 이것이 기독교입니다.

그런데 오늘날도 얼마나 많은 사람들이 그것을 받아들이지 못하고 율법을 지켜서 하나님 앞에 설 수 있다고 생각하는지요?

교회 안에도, 소위 집사들 가운데도 이런 사람들이 얼마든지 있습니다.

비극은 복음을 선포하지 않는 목사들이 오늘날 너무나 많다는 데도 있습니다. 교회에서 복음이 선포되지 않는다는 이 사실이 현대 교회 안에 있는 무서운 비극입니다.

갈라디아서의 계속되는 말씀을 보십시오.

"기록된바 아브라함이 두 아들이 있으니 하나는 계집 종에게서, 하나
는 자유하는 여자에게서 났다 하였으나"(갈 4:22).
아브라함은 두 아들을 얻었습니다. 하나는 하나님의 방법에 의해서
얻은 아들이고, 하나는 사람의 방법으로 얻은 아들입니다. 하갈을 통
한 이스마엘은 자기의 인간적인 노력으로 얻어진 아들입니다. 그러
나 이 아들을 하나님이 승인하지 않으십니다.
"그것은 소용없다. 더 기다리라. 내 방법으로 내 때에 네게 아들이
주어질 것이다."
그 아들은 철저하게 하나님을 의지하고 얻어지는 아들이었습니다.
그 아들 이삭이 나중에 사라를 통해서 얻어졌습니다.

　계속되는 말씀을 보십시오.
"계집 종에게서는 육체를 따라 났고 자유하는 여자에게서는 약속으
로 말미암았느니라"(갈 4:23).
이삭을 아브라함이 얻을 수 있었던 이유는 하나님이 약속하셨기 때
문입니다. 하나님이 주고자 하셨기 때문에 얻은 것입니다. 그것은 전
적으로 하나님의 선물입니다. 그러나 이스마엘의 경우에는 자기의
노력으로 얻어진 것입니다.
　바울은 이 사건을 이야기하면서 그 다음 절에서 "이것은 비유니"라
고 하여 구약의 이 사건을 통해서 우리가 하나님 앞에 접근하는 두
개의 길에 대한 놀라운 가르침을 펴고자 하는 것입니다.

　"이것은 비유니 이 여자들은 두 언약이라"(갈 4:24).
하나는 「율법의 언약」입니다. 율법의 언약이란 하나님이 하라는 것은
하고 하지 말라는 것은 안 하는, 그래서 최선을 다해서 하나님 앞에
의로운 사람으로 인정을 받으려는 사람에게 적용되는 언약입니다.
이것은 율법을 통해서 하나님 앞으로 가려고 하는 것입니다. 오늘날
모든 종교가 이 길을 갑니다. 오늘날 모든 도덕이 이 길을 갑니다.
오늘날 복음이 없는 교회에서 이 길을 갑니다. 이 길은 율법 언약의

길입니다.

그러나 또 본처 사라를 통해서 얻어진 것, 이것은 「은혜의 언약」입니다. 하나님이 은혜로 주실 것을 약속하셨습니다. 이것은 전적으로 하나님의 은혜로 주어지는 것입니다. 이 은혜의 약속을 믿고 믿음으로만 받아들이는 것입니다.

여기 율법을 통한 길이 있고 은혜를 통한 길이 있습니다. '나는 어떤 길을 통해서 하나님 앞에 가려고 노력하고 있는가?' 이 이야기는 계속됩니다.

"형제들아 너희는 이삭과 같이 약속의 자녀라"(갈 4:28). "너희는 율법의 자녀가 아니야. 너희의 최선을 다해서 하나님의 자녀가 된 것이 아니야."
착각하지 말라는 이야기입니다. 아무도 자기의 행위로 하나님 앞에 설 수 없습니다. 그런데도 자기의 행위로 설 수 있다고 생각하는 사람들이 있습니다.

"그러나 그 때에 육체를 따라 난 자가 성령을 따라 난 자를 핍박한 것 같이 이제도 그러하도다"(갈 4:29).
인간적인 방법에 의한 그 길이 더 우수하다고 주장합니다. 복음을 멸시합니다. 믿음으로 구원을 받는다는 진리를 멸시하고 오히려 "어떻게 그럴 수가 있는가? 인간이 최선을 다해야 해"라고 주장합니다. 좋은 소리 같습니다. 그러나 이것은 아직도 하나님 앞에 아무도 자기의 행함을 가지고 설 수 없다는, 인간의 그 철저한 무능과 부패를 모르는 인간적인 견해에서 나오는 소리입니다.

저는 어쩌면 이 말씀이 성경 전체를 통해서 가장 위대한 진리의 계시일지 모른다고 생각합니다. 너무나 중요한 것입니다.

"그러나 성경이 무엇을 말하느뇨 계집 종과 그 아들을 내어쫓으라"(갈 4:30).

상관이 없습니다. 내가 최선을 다해서 얻은 것이 무엇입니까?
그 길이 상관이 없다는 이야기입니다. 나의 잔꾀로, 나의 노력으로,
나의 아이디어로 아들을 하나 만들었습니다. 그러나 상관이 없습니
다. 당신이 최선을 다해서 좋은 일을 하고 착한 일을 많이 하고 자선
사업을 많이 했습니다. 그래도 상관이 없다는 이야기입니다. 아십니
까? 이 복음을 아십니까?

오늘날 교회 생활을 오래한 사람들 가운데서도 가만히 그 기도를
들어보면 그 기도 속에 십자가가 없는 것을 봅니다. 복음이 없습니
다. 그런 기도를 들으면 저는 미치도록 답답합니다.
'아직도 저 사람이 복음을 깨닫지 못했구나.'
자기의 행위를 아직도 주장하고 있습니다. 그러나 하나님은 "너는 죄
인이야. 네 행위로 절대로 구원받을 수가 없어"라고 말씀하십니다.
그러므로 하나님이 세상을 이처럼 사랑하사 독생자 예수 그리스도를
보내시고, 그래서 그분이 우리의 죄를 담당하셨습니다. 그런데도 이
십자가를 깨닫지 못합니다. 입으로는 십자가를 말하지만 사실 자기
의 신앙 속에 십자가가 없는 사람들이 얼마든지 많이 있습니다. 이
십자가 없는 기독교, 이것이 오늘의 교회의 비극입니다.

그래서 바울은 갈라디아서 4장의 이 마지막 부분에서 이렇게 말
씀합니다.
"그런즉 형제들아 우리는 계집 종의 자녀가 아니요 자유하는 여자의
자녀니라"(갈 4:31).
인간적인 행함을 통해서 하나님 앞에 서려는 그런 자녀가 아니라 자
유하는 하나님의 은혜의 약속을 따라 주님의 자녀가 된 사람이라는
말씀입니다.
당신은 예수 그리스도를 믿음으로 하나님의 은혜로 하나님의 자녀
가 되셨습니까? 아니면 아직까지도 나의 보잘것 없는 행함을 붙들
고 주님 앞에 서려고 하는 율법적인 길을 추구하고 있는 단순한 종교

인이십니까?
어느 길에 서 계십니까?
이것은 중요한 싸움입니다.

　내 인간적인 노력과 방법으로 구원을 얻을 가능성은 전혀 없습니다. 자기의 행함을 주장한다는 이야기는 결국 자기를 믿고 있는 것입니다. 자기를 구세주와 주님으로 믿고 있는 것입니다. 내가 나를 구원할 수 있다면 하나님이 왜 예수님을 보내셨습니까?
내가 나를 구원할 수 없습니다. 내 행함도, 내 최선도, 나의 노력도 나를 구원하기에는 절대로 절대로 무력하고 불가능합니다. 그래서 하나님이 예수 그리스도를 보내셨습니다. 이것이 복음입니다.

3. 이신득의(以信得義)

"이렇게 네 자손들이 많아질 것이야."
인간적으로는 불가능하지만 하나님이 그렇게 말씀하시니까 아브라함이 어떻게 했습니까?
『그래요 하나님, 그러면 믿지요.』
그랬더니 그 다음에 하나님의 하신 말씀이 무엇입니까?
"아브람이 여호와를 믿으니 여호와께서 이를 그의 의(義)로 여기시고"(창 15:6).
　여기서도 주의할 것이 있습니다. **믿음을 구원의 조건으로 생각하면 안 됩니다.** 믿음 그 자체가 의(義)를 가져온 것이라고 생각하면 안 됩니다. **"믿는다"라는 말은 자기 자신을 강조한 말이 아닙니다. 믿는 대상(하나님)을 강조한 말입니다.** 이 차이를 잘 아시기 바랍니다.

　그런데 누구를 믿습니까?
하나님입니다. 이 불가능한 약속을 약속하신 하나님을 믿는 것입니다. 그 하나님이 나의 구원인 것입니다. 그 하나님이 나의 생명인 것입니다. 그 하나님을 믿는다는 이야기입니다.

그런데 교회에 오는 사람들을 보면 하나님을 믿는다고 말하면서도 얼마 있다 보면 자기를 믿으려고 합니다. 우리는 나를 믿을 수 없어서 예수를 믿는 사람들입니다.

① 믿음은 구원의 방편

하나님을 믿는 믿음이 구원입니다. 그런 의미에서 믿음은 구원의 조건이 아니라 구원의 방편입니다. 구원의 통로일 따름입니다.

우리가 흔히 구원의 사건을 설명할 때 왕이신 하나님이 거지 같은 나에게 구원을 선물로 주신 것으로 말합니다. 그때 믿음은 보통 무엇과 같다고 설명합니까?

손으로 그냥 받는 것입니다. 그런데 그것이 공로입니까?

절대로 공로가 아닙니다. 은혜로 주께서 구원의 길을 준비하시고 은혜로 주께서 나에게 구원을 허락하십니다. 나는 다만 응답했을 따름입니다. 이것은 조건이 아닙니다. 이것은 응답에 불과합니다. 이것은 통로에 불과합니다. 그래서 믿는다는 말로 믿음 그 자체를 의(義)로 삼아서는 안 됩니다. 믿음 그 자체를 자랑할 것도 하나도 없습니다. 믿는다는 것은 항상 믿는 대상이 강조되었습니다. 하나님을 믿습니다. 예수 그리스도를 믿습니다. 하나님, 그 예수님이 나의 구원이신 것입니다.

② 우리의 상급이신 하나님

"나는 너의 방패요 너의 지극히 큰 상급이니라"(창 15:1).

여기서 "상급"은 하나님을 의미합니다.

"내가 너의 상급이다."

하나님이 상급이라는 이야기입니다.

하나님이 아브라함에게 상급을 많이 주셨습니다. 예를 들어서 가나안 땅도 상급 곧 선물로 주셨습니다. 또 바닷가의 모래알처럼 하늘의 별처럼 많은 자녀도 주실 것입니다. 그러나 여기에서 말하는 것은 가나안 땅이 아닙니다. 자녀들이 아닙니다. 가장 위대한 상급은 하나님 자신입니다. 하나님 자신을 주신 것입니다.

우리는 누구를 믿습니까?

그 하나님을 믿습니다.

우리는 누구를 소유하게 되었습니까?

그 하나님을 소유하게 된 것입니다. 도무지 아무것도 믿을 수 없었던 나, 자신도 믿을 수 없었던 내가 하나님을 믿게 되었습니다. 그 하나님이 우리의 상급이십니다.

하나님을 믿음으로서 아브라함은 의롭다 여김을 받았습니다. 이것은 아브라함에게 무슨 공로가 있어서가 아닙니다. 의롭다 여김을 받은 것은 결국 하나님 때문입니다. 하나님이 나의 부족함, 나의 추함에도 불구하고 나로 하여금 믿음의 자리에 서게 하셨습니다. 그리고 말씀하십니다.

"너는 의롭다."

내가 의롭습니까?

이 놀라우신 은혜! 이것이 깨달아지십니까?

이것이 기독교의 멧세지입니다. 기독교의 가장 중요한 멧세지입니다.

③ 하나님의 은혜로 주어진 칭의

먼 훗날 바로 이 사건을 바울은 이렇게 해석하고 있습니다.

"그런즉 육신으로 우리 조상된 아브라함이 무엇을 얻었다 하리요 만일 아브라함이 행위로써 의롭다 하심을 얻었으면 자랑할 것이 있으려니와 하나님 앞에서는 없느니라"(롬 4:1,2).

하나님 앞에서, 내 행함의 모든 동기를 바라보시는 하나님 앞에서 나는 자랑할 만한 행위가 없습니다. 하나도 없습니다.

하지만 우리는 그래도 무슨 행함이 있어야 한다고 말합니다. 자꾸만 행함을 더하려고 합니다. 그러나 아닙니다. 구원에 관한 한 그 어떤 행위라도 첨부될 수 없습니다. 주께서 다 이루어 놓으셨기 때문입니다. 구원은 그분이 완전히 다 이루어 놓으셨습니다. 이 구원을 우리는 다만 선물로 받습니다. 왜 그런 줄 아십니까?
그것은 아무도 자랑하지 못하게 하기 위해서입니다. 아무도 하나님 앞에서 자기의 의(義)나 자기의 행함의 한 조각도 자랑할 수 없도록 하기 위해서입니다. 천국은 이 은혜에 감격하는 사람들만이 가는 곳입니다.

3절을 계속 보십시오.
"성경이 무엇을 말하느뇨 아브라함이 하나님을 믿으매 이것이 저에게 의(義)로 여기신바 되었느니라 일하는 자에게는 그 삯을 은혜로 여기지 아니하고 빚으로 여기거니와"(롬 4:3,4).
어느 날 제가 어떤 집에 가서 아침부터 저녁까지 열심히 일했습니다. 그랬더니 집 주인이 저에게 돈을 얼마 정도 주었다고 하십시다. 그것이 삯입니까? 은혜입니까?
아무리 저를 불쌍히 여겼다고 해도 그것은 삯입니다. 일한 대가로 받은 것입니다.

그 다음 절을 보십시오.
"일을 아니할지라도 경건치 아니한 자를 의롭다 하시는 이를 믿는 자에게는 그의 믿음을 의(義)로 여기시나니"(롬 4:5).
우리가 무엇을 한다고 떠들지만 하나님 앞에서는 한 것이 아무것도 없는 것입니다. 자기가 착한 일 제일 많이 한 것같이 말하지만 하나님 앞에서 비춰보면 아무것도 없습니다. 자기 자랑하기 위해서 한 것을 하나님은 추악하게 보십니다. 안 한 것보다도 오히려 더 못한 것으로 보십니다. 그것은 아무것도 아닙니다.

그렇다고 착한 일 하지 말라는 이야기는 아닙니다. 구제도 하십시오. 선교도 하십시오. 교회도 세우십시오. 그러나 이것은 은혜로 구원받은 사람들의 겸손한 응답일 따름이어야지, 결코 우리가 구원의 조건이라고 생각해서는 안 된다는 것입니다.

우리의 자랑은 믿음이 아니라 하나님입니다. 그 하나님이 우리의 의로움이 되십니다. 그 하나님이 우리의 구원이 되십니다. 그 하나님이 우리의 빛이 되십니다. 감사하십니까?

감사가 아니라 감격하셔야 합니다. 그래서 통곡이라도 하셔야 합니다. 얼마나 놀라운 사실입니까?

4. 칭의의 결과

의롭다 함을 얻은 결과가 창세기 15 장에 세 가지로 제시되어 있습니다.

첫째로, 선택하심에 대한 확신을 갖게 되었습니다.
'하나님이 나를 선택하시고 지금까지 인도하셨구나'라는 사실을 이 사건을 통해서 아브라함은 더욱 확신하게 됩니다.

"아브람이 여호와를 믿으니 여호와께서 이를 그의 의(義)로 여기시고 또 그에게 이르시되 나는 이 땅을 네게 주어 업(業)을 삼게 하려고 너를 갈대아 우르에서 이끌어낸 여호와로라"(창 15:6,7).

갈대아 우르를 아브라함이 떠났습니다. 그러나 자기가 떠났습니까? 물론 자기가 떠났습니다. 그러나 떠났지만 하나님은 여기서 "네가" 떠난 것이라고 말씀하지 않습니다.

"내가 이끌어낸 것이야."

하나님이 하신 것입니다. 이것이 바로 「선택」이라는 영광스러운 교리입니다.

그런데 이 이끌어내신 하나님의 은혜를 아브라함이 몰랐습니다.

그러나 인간적으로 불가능한 상황 속에 처해서 하나님이 자식을 주
겠다고 말씀하시니까 아브라함이 그것을 믿었습니다. 그랬더니 하나
님이 그를 의롭다고 하셨습니다. 아브라함은 이 사건을 통해서 무엇
을 알게 되었을까요?

'하나님이 다 하셨구나. 주님이 나를 선택하셨구나. 주님이 나를 여
기까지 이끌어 오셨구나!'

이 사실을 알게 된 것입니다. 우리가 구원받는 순간, 내가 구원받을
수 있도록 하나님이 나를 선택하셨다는 그 놀라운 은혜를 비로소 깨
닫기 시작하는 것입니다.

구원과 선택 중 그 순서에 있어서 어느 것이 먼저 옵니까?
선택이 먼저 옵니다. 그러나 우리의 경험에 있어서는 선택보다 구원
을 먼저 경험합니다. 구원을 경험한 다음에 주님이 나를 선택하셨다
는 이 사실을 확신하게 됩니다. 바로 이 경험을 통해서 아브라함은
선택에 대한 놀라운 확신 속에 들어가게 된 것입니다. 이것이 칭의의
첫번째 결과입니다.

그러므로 믿음으로 의롭다 함을 얻어 구원받은 확신이 생기기 전
까지는 아무도 진정한 의미에서 자기의 선택을 확신할 수 없는 것입
니다. 선택했다는 말은 내가 주님을 선택했다는 말이 아닙니다. 이것
은 주님이 나를 선택하셨다는 말입니다. 이 불가능한 나를 선택하셨
다는 말입니다. 아브라함은 바로 이 사건을 통해서 하나님이 자기를
선택하셨다는 사실을 알게 되었습니다.

둘째로, 예배의 의미를 알게 되었습니다.
믿음으로 의롭다 함을 얻은 다음에 아브라함은 진정한 의미에서의
예배의 의미를 알게 되었습니다. 이제 하나님이 그의 상급이 되었습
니다. 하나님이 그의 방패가 되었습니다. 그러면 그냥 살면 될 것입
니다. 그러나 아닙니다. 그 말씀 다음에 하나님이 이런 말씀을 주셨
습니다. 먼저 아브라함이 묻습니다.

"그가 가로되 주(主) 여호와여 내가 이 땅으로 업을 삼을 줄을 무엇
으로 알리이까"(창 15:8).
이 땅에서 그렇게 하나님의 뜻을 이루고 살게 된다는 사실을 어떻게
알까요?
9절을 보십시오.
"여호와께서 그에게 이르시되 나를 위하여 삼 년 된 암소와 삼 년 된
암염소와 삼 년 된 숫양과 산비둘기와 집비둘기 새끼를 취할지니라"
(창 15:9).
제사를 드린다는 이야기입니다.

여기에서 왜 하나님이 제사를 말씀하실까요?
제사를 드린다는 것은 무슨 의미일까요?
왜 하나님 앞에 나아갈 때 제사를 통해서 나아가야 합니까?
제사를 드린다는 것은 하나님의 방법으로 나아간다는 이야기입니다. 내
방법이 아니라 하나님의 방법입니다. 십자가를 통해서 우리가 주님
앞에 나아갈 수 있는 것처럼, 하나님이 지정하신 방법을 통해서만 하
나님 앞에 나아갈 수 있습니다.
우리는 구원받은 다음에도 끊임없이 하나님의 은혜를 의지하고 비
로소 주님 앞에 설 수 있습니다. 예배란 무엇입니까?
"주님의 은혜로 내가 주 앞에 나갑니다"라는 사실을 날마다 확인하는
사건이 예배입니다. 예배를 드릴 때마다 우리는 "주님, 제게 주 앞에
나올 수 있는 특권을 주신 것을 감사합니다"라고 확인합니다. 이것이
예배의 은총이고 예배의 의미입니다.

셋째로, 인도하심에 대한 확신을 갖게 되었습니다.
본문 12절 이하에 보시면 하나님이 아브라함과 그의 후손들의 삶을
이렇게 섭리하시겠다는 예언적 약속을 베푸십니다.
"여호와께서 아브람에게 이르시되 너는 정녕히 알라 네 자손이 이방
에서 객이 되어 그들을 섬기겠고 그들은 사백 년 동안 네 자손을 괴

롭게 하리니 그 섬기는 나라를 내가 징치할지며 그 후에 네 자손이
큰 재물을 이끌로 나오리라"(창 15:13,14).
이 말씀이 주어졌습니다.
'아 그렇구나! 내 삶은 하나님의 은혜 속에 있구나.'
내가 행한 것이 없이, 아니 행함으로는 주 앞에 설 수 없었던 내가 주
의 은혜로, 주의 약속의 말씀으로 주 앞에 설 수 있었습니다. 앞으로
도 그럴 것입니다.

선택이란 무엇입니까?
선택 속에서 내 행위를 주장할 수 있습니까?
하나님이 나를 선택하셨습니다. 창세 전에 선택하셨습니다. 거기에
내 행위가 있습니까?
자랑할 만한 조건이 있습니까?
창세 전에 내가 있지도 않았는데 거기에 무슨 행위가 있겠습니까?
선택은 전적으로 하나님의 은혜였습니다.
십자가 앞에서 믿음으로 구원받은 것에 우리의 행위가 있을 수 없
습니다. 왜냐하면 예수님을 보내신 분은 우리가 아니기 때문입니다.
하나님이 그분을 보내시고, 그래서 그분이 우리의 죄를 담당하시고
피 흘리셨습니다. 이 십자가의 사건 앞에 우리의 행위란 없습니다.
앞으로 내 삶을 인도하시겠다는 것에 우리의 행위가 있습니까, 없
습니까?
없습니다. 그러므로 그리스도인의 삶은 모두 다 은혜입니다.
찬양하십니까?
이것이 바로 「오리지날(original) 이신득의(以信得義)」입니다.

만약 주께서 우리의 행함으로 주님 앞에 나오도록 요구하셨다면
우리 가운데 주님 앞에 설 수 있는 자가 누구이겠습니까?
못된 성질, 자기를 자랑하고 싶어하는 이 허세, 별것 아니면서도 그
러면서 행함으로 하나님 앞에 설 수 있다고 착각하는 이 무서운 오

만. 그래서 하나님은 불가능한 것을 이루심으로 거기에 아브라함의 행위
가 게재될 수 없다는 사실을 보여주셨습니다.

"모든 것이 은혜야."

주님의 은혜로 구원받은 것입니다. 이 심오한 진리, 이 놀라운 은혜,
이 위대한 영광을 찬양하십니까?

내가 구원받은 것, 이것은 신비 중의 신비요, 기적 중의 기적이요,
놀라움 가운데 놀라움입니다.

감사하십시다. 찬양하십시다. 그리고 이 은혜에 보답하는 삶을 어떻
게 살 것인가를 결심하십시다.

"너희가 그 은혜를 인하여 믿음으로 말미암아 구원을 얻었나니 이것
이 너희에게서 난 것이 아니요 하나님의 선물이라 행위에서 난 것이
아니니 이는 누구든지 자랑치 못하게 함이니라"(엡 2:8,9).

6
응답이 지연될 때

"아브람의 아내 사래는 생산치 못하였고 그에게 한 여종이
있으니 애굽 사람이요 이름은 하갈이라 사래가 아브라함에
게 이르되 여호와께서 나의 생산을 허락지 아니하셨으니 원
컨대 나의 여종과 동침하라 내가 혹 그로 말미암아 자녀를
얻을까 하노라 하매 아브람이 사래의 말을 들으니라 … 하갈
이 아브람의 아들을 낳으매 아브람이 하갈의 낳은 그 아들을
이름하여 이스마엘이라 하였더라"(창 16 : 1~15).

기도하고 또 기도해도 응답되지 않는 답답함 때문에 이 신앙이 정말 사실인가라고 기독교 신앙을 의심해 본 적이 계신지요? 혹은 '이것은 꼭 이루어질 것이다'라는 확신을 가지고 시작했던 일이 전혀 성취될 전망이 없어질 때의 절망을 겪어 보셨는지요? 더더욱 반드시 기대대로 되리라는 보장을 받은 다음에 그 일을 시작했음에도 불구하고 그것이 실현되지 않을 때의 낙심과 고통을 경험해 보셨는지요?

우리가 성경을 읽다가 성령께서 어떤 말씀을 내 마음 속에 아주 강렬하게 주실 때 '이것은 하나님이 내게 주시는 약속이다'라고 그 말씀을 나를 향한 하나님의 약속의 말씀으로 받아들였음에도 불구하고 세월이 흘러가는데 그 언약의 말씀에 대한 성취가 전혀 없을 때 우리는 신앙 생활에서 얼마나 커다란 허탈감을 경험하게 됩니까? 이럴 때 '왜 하나님이 나에게 약속의 말씀을 처음에 주셨는가'라고 그 약속의 하나님이 야속해 보이는 그런 경험을 하셨는지요? 참 약속의 말씀을 성취하셔야 할 하나님이 나에게 그 말씀을 응답해 주시지 아니할 때 우리는 얼마나 답답한 세월들을 살아가게 됩니까?

아브라함은 어느 날 하나님으로부터 그의 자손이 하늘의 별처럼 많아질 것이라는 약속을 받았습니다. 그것이 창세기 15 장입니다. 그리고 그 언약의 보증으로 창세기 15 장 9 절 이하에 보면 아브라함이 제물을 취합니다.
"여호와께서 그에게 이르시되 나를 위하여 삼 년 된 암소와 삼 년 된 암염소와 삼 년 된 수양과 산비둘기와 집비둘기 새끼를 취할지니라 아브람이 그 모든 것을 취하여 그 중간을 쪼개고 그 쪼갠 것을 마주 대하여 놓고 그 새는 쪼개지 아니하였으며"(창 15:9,10).
제물을 쪼개는 행위는 하나님과 인간 사이에 언약이 성립했다는 언약 성립에 대한 일종의 의식(儀式)입니다.

우리의 문화권에도 이 쪼갬의 행위가 언약 성립과 관련있다는 것을 알 수 있는 풍속과 이야기가 있습니다. 예를 들어서 사랑하는 두 남녀가 앞으로 때가 되면 결혼하기로 약속하고 그 징표로 거울이나 반지를 쪼개어 나누어 갖는 것을 옛날 설화에서 많이 볼 수 있습니다. 제물의 중간을 쪼갬으로써 쌍방에 언약이 성립되었다는 이 언약 성립의 의식을 아브라함이 준비했습니다.

"해가 져서 어둘 때에 연기 나는 풀무가 보이며 타는 횃불이 쪼갠 고기 사이로 지나더라 그날에 여호와께서 아브람으로 더불어 언약을 세워 가라사대…"(창 15:17,18).
이제 언약이 맺어진 것입니다.
"네 자손들을 하늘의 별처럼 많게 하리라. 그리고 너희들은 약속의 이 가나안 땅에서 아주 아름답고 행복한 삶을 살게 될 것이다."
이렇게 하나님이 언약을 하신 것입니다. 우리 식으로 말하자면, 이제 하나님과 아브라함은 새끼손가락을 걸고 맹세를 한 것입니다.

이렇게 성립된 약속이었음에도 불구하고 아브라함의 나이는 점점 많아지고 신체적으로 더 이상 자손을 둘 수 없는 상태에까지 이르렀습니다. 그런데도 도무지 자식을 얻을 전망이 보이지 않습니다. 그때 얼마나 아브라함의 마음이 답답했겠습니까?
가나안 땅에 찾아와 거한 지도 어느 새 십 년. 십 년이면 강산도 변하는데 그런데도 소식이 없습니다. 아브라함도, 그 아내 사라도 자식을 낳을 수 있는 가능한 세월이 이미 다 지나가고 있습니다.

1. 하갈을 통한 이스마엘의 출생

초조해진 이 부부는 당시의 사회적 풍속대로 자식을 얻을 다른 궁리를 시작했습니다. 그래서 사라의 제안을 따라서 여종인 하갈을 통하여 자식을 얻게 됩니다. 그 자식이 이스마엘입니다.
이 결정은 인간적으로 여러 가지 측면에서 정당화될 수 있고 또

합리화될 수 있는 결정이었습니다.

첫째로, 사라를 통해서 자식을 갖기에는 이미 불가능한 시점에 와 있었습니다.
'출산의 가능성이 사라져 가는 이 나이까지 하나님이 안 주셨으니까 이제 나를 통해서는 자식을 안 주시는 것이 하나님의 뜻인 모양이다' 라고 결론지을 수 있는 시점까지 와 있었던 것입니다.
"사래가 아브람에게 이르되 「여호와께서 나의 생산을 허락지 아니하셨으니」 원컨대 나의 여종과 동침하라 내가 혹 그로 말미암아 자녀를 얻을까 하노라"(창 16:2).
하나님이 허락지 아니하셨다고 말합니다.

둘째로, 이 제안의 동기는 나쁘지 않았습니다.
옛날에 우리 여인들이 자식이 없었을 때 흔히 생각했던 것처럼, 사라도 자식이 없는 것이 아무래도 자기 책임인 것 같다는 죄책 때문에 이렇게 남편에게 제안을 했다고 생각할 수도 있습니다. 남편에 대한 애정과 핏줄을 이어야 한다는 집안에 대한 충성심으로 자기의 종을 주어서 아기를 낳도록 배려한 이 여인의 마음을 우리는 나쁜 동기로만 정죄할 수 없을 것입니다.

셋째로, 당시의 사회 관습에 따른 한 행동이었습니다.
그 당시의 사회적 풍토는 이런 일을 결코 부도덕한 일로 정죄하지 않았습니다. 그 당시에 씌어진 법전 하나가 얼마 전에 발견되어 고고학계의 관심을 불러 일으킨 적이 있습니다. 그 법전에 의하면 종을 통해서 자식을 얻는 것은 아주 합법적인 행동이었습니다.

그러나 그럼에도 불구하고 성경은 이 아브라함의 결정이 잘못된 것이라고 말합니다. 아브라함은 나름대로 문제를 해결하기 위해서 벌인 일이지만 이것이 문제를 해결하기는 커녕 오히려 나중에 더 커다란 문제들을 야기시키게 된 것입니다.

2. 이스마엘로 인해 야기된 문제들

첫째로, 사라와 하갈 사이에 갈등이 시작되었습니다.

사라의 배려에 의해서 자녀를 얻기는 했지만, 막상 자녀를 얻은 다음
에는 하갈이 자기의 여주인인 사라를 전과 다르게 대하기 시작했습
니다. 그래서 이 두 여인 사이에 갈등이 일어납니다. 서양 속담에
"한 집에서 두 여인이 머리가 될 수 없다"는 것도 있습니다만, 이 아
브라함의 가정에 한 남자를 둘러싼 끈끈한 삼각관계가 벌어지기 시
작합니다.

둘째로, 이삭과 이스마엘의 갈등이 예견되었습니다.

아브라함이 이스마엘을 먼저 얻었지만 십사 년 후에 하나님의 약속
대로 사라를 통해서 한 아들이 주어집니다. 그 아들이 이삭입니다.
그래서 이스마엘과 이삭의 심각한 갈등의 관계가 시작됩니다. 그것
은 비단 이 둘만의 문제가 아니었습니다. 갈등은 민족적 싸움으로 발
전되어 지금까지 계속 내려오게 됩니다. 이스라엘과 아랍 사이의 그
복잡하고 미묘한 싸움의 역사가 그것입니다.

셋째로, 아브라함과 사라의 정신적 부담이 되었습니다.

이 부부는 얼마나 정신적으로 고통의 시간들을 보냈습니까? 그 결
정으로 인해 그들이 치러야 했던 정신적인 아픔의 대가를 어디에 비
교할 수 있겠습니까?
이것은 분명 아브라함의 실수였습니다. 그리고 이 실수는 결국 아브
라함의 불신앙 때문이었습니다.

3. 아브라함의 실수에서 배울 교훈들

창세기 15장에 보면 인간적으로는 더 이상 자녀를 얻을 수 없는 상황인데 어느 날 하나님이 아브라함을 불러내십니다. 하나님이 아브라함에게 이렇게 말씀하십니다.

"아브라함아, 저 하늘의 별을 세어 보아라."

그래서 별을 세기 시작합니다.

『별 하나 나 하나, 별 둘 나 둘, 별 셋 나 셋…하나님 너무 많아요. 셀 수가 없는데요.』

"그래? 그런데 네 자손이 그와 같을 것이다."

그래서 아브라함이 그 사실을 믿었습니다. 그랬더니 그 믿음을 하나님이 의(義)로 여기셨다고 성경은 기록합니다. 인간적으로는 불가능합니다. 그러나 아브라함은 믿었습니다. 하나님이 말씀하셨기 때문입니다. 이 하나님에 대한 신뢰, 하나님을 향한 믿음이 그에게 있었습니다.

그런데 어떻게 된 일입니까?

오래도록 그 약속이 이루어지지 않으니까 아브라함이 비틀거리기 시작합니다. 그리고 인간적으로 궁리하다가 하나님의 약속이나 뜻과 상관없이 여종을 통해서 자식을 얻었지만 결과는 고통이었습니다. 갈등이었습니다.

창세기 15장의 아브라함은 신앙의 사람이었습니다. 당당한 신앙의 사람이었습니다. 불가능한 가운데에서도 하나님을 신뢰했습니다. 그러나 16장에 들어오면 아브라함의 얼굴은 불신앙의 얼굴입니다. 그는 하나님을 불신하고 있습니다. 주님의 약속의 말씀을 버리고 있는 것입니다.

어제의 신앙인이 오늘의 불신앙인이 되어 있습니다. 어제 하나님의 은혜에 감격해서 하나님을 찬양하던 사람이 오늘은 하나님을 불평하고 있습니다. 그럴 수가 있습니까?

그럴 수가 있습니다. 그럴 수가 없다고 생각하십니까?

우리 자신을 보십시오. 한때 신앙의 감격이 있었을 때는 하나님을 신뢰하고 찬양하던 우리입니다.

"주님의 뜻대로 살겠습니다. 하나님의 말씀대로 살겠습니다. 그 말씀에 순종하겠습니다. 어떠한 인생의 회오리와 폭풍우 속에서도 저는 하나님을 믿고 따르겠습니다."

이런 신앙의 고백을 했던 우리가 한순간 내 삶이 여의치 못한 것 같자 다시 삶의 폭풍우의 장(場)에서 나의 잔꾀를 통해서 문제를 해결하려고 하다가 더 망가뜨리고 절망과 좌절과 불안 속에서 헤매입니다. 우리 중 누가 아브라함을 정죄할 수 있습니까?

이 아브라함의 실수는 우리의 실수입니다.

그렇다면 우리는 본문 앞에서 이런 질문을 해야 합니다.

"이 실수에서 우리가 배워야 할 교훈은 무엇입니까?"

믿음의 조상이라는 이 아브라함의 실패의 한 단면을 통해서 20세기를 살아가는 저와 당신에게 과연 하나님이 가르치려는 교훈은 무엇입니까?

세 가지가 있습니다.

첫째로, 서두르지 마십시오.

너무 빨리 해결하려고 하지 마십시오. 졸속이 문제를 망쳐놓는 경우들을 우리는 얼마나 자주 보고 있습니까? 빨리 해결해서 그 문제에서 빠져나오겠다는 인간의 초조함과 답답함이 일을 오히려 그르쳐버리는 경험이 우리에게도 많이 있습니다. 그것이 빨리 해결한 것입니까?

엉망진창일 때 우리는 다시 처음부터 시작해야 합니다. 그것은 얼마나 시간의 낭비입니까? 또 힘의 낭비입니까?

한 설교자는 현대인들의 죄악 가운데 하나가 "너무 바쁜 것"이라고
지적했습니다.
"바쁜 것이 죄악이다!"
현대는 바쁘다는 것을 좋게 생각합니다. 움직여서 무언가라도 하고
있으면 좋은 것으로 생각하고, 가만히 있는 것은 낭비나 비생산적이
라고 생각합니다. 그러나 그 정반대일 경우도 있습니다. 바쁘지만 그
것이 전혀 비생산적일 수가 있습니다. 아침부터 저녁까지 뛰어다닙
니다. 땀을 흘려 나 자신을 몰두시킵니다. 집중합니다. 우리는 달리
고 있습니다. 일을 하고 있습니다. 뛰고 있습니다. 그러나 막상 누가
그런 당신을 세우고 이렇게 묻는다면 어떻게 대답하시겠습니까?
"어디로 가십니까? 무엇을 위해서 그렇게 바쁘십니까?"
당신의 바쁨의 이유는 무엇입니까?

줄리안 헉슬리(Julian Huxley)라는 유명한 학자가 있습니다. 그
가 한번은 영국의 런던에서 열리는 학술회의에 참석하기 위해서 런
던의 한 정거장에 도착했습니다. 그런데 도중에 기차가 연착되는 바
람에 시간이 늦었습니다. 그래서 서둘러 마차에 타서 마부에게 부탁
합니다.
"이보시오. 내가 큰 회의에 참석해야 하는데 시간이 늦었소. 빨리 달
려가 주시오! 빨리!"
그래서 이 마부가 빨리 달리기 시작합니다. 한참 가다 보니까 이상한
곳으로 갑니다.
"아니 마부 양반, 어디로 가는 것이요?"
그가 깜짝 놀라 물었더니 마부가 대답합니다.
『선생님, 선생님은 저보고 빨리만 달리라고 하셨지 어디로 가라는 말
씀은 해주시지 않았습니다.』

이것은 어쩌면 우리 삶의 에피소드일지도 모릅니다. 땀을 흘리
며 삽니다. 아침부터 저녁까지 몰두해서 일을 합니다. 그러나 무엇을

위해서 그렇게 바쁩니까?
어디로 가고 계십니까?
당신의 인생의 목적지는 어디입니까?
무엇을 바라보고 그렇게 달리십니까?

그 설교자는 이런 말도 했습니다.
"현대인의 정신적 가난은 침묵을 배우지 못한 데에서 연유한다."
현대인들이 정신적으로 가난해진 원인 가운데 하나는 침묵의 중요성
을 배우지 못한 데에 있다고 지적했습니다. 그러면서 그는 계속 말합
니다.
"인류는 아직도 정신적 유아기 시대를 벗어나지 못하고 있다."
무슨 이야기입니까?
아이들을 한번 보십시오. 아이들이 침묵을 견딥니까?
아이들은 조용하게 가만히 있지를 못합니다. 야단치고 심지어 매를
들어도 조용히 있는 것은 그때뿐, 곧 이곳저곳 마구 돌아다니며 흐트
려 놓습니다. 그것은 아직 성숙하지 못해서 그런 것입니다.

그렇지만 우리는 얼마나 잠잠히 설 수 있다고 말하겠습니까? 내
생을 바라볼 수 있는 성찰의 여유가 당신에게는 있습니까? 삶이란
공간 속에 나의 나 된 모습을 성찰할 수 있는 정신적 여백이 당신의
삶의 한복판에 준비되어 있습니까?
경건의 시간이 있습니까?
살아계신 하나님의 음성을 듣는 시간이 있습니까?
오늘 내게 말씀하시는 하나님의 음성, 내게 임하시는 하나님의 거룩
한 말씀을 들으며 삶을 성찰할 수 있는 이 영혼의 공간이 당신의 삶
의 한복판에 준비되어 있습니까?

그리스도인 심리학자 가운데 웨인 오트라는 사람이 있습니다. 그
가 이런 이야기를 했습니다.

"침묵은 현대인에게 가장 낯선 이방인이다."
침묵과 친하지 못하다는 이야기입니다. 현대인들은 침묵 속에서 배우지 못합니다. 그래서 그는 말합니다.
"침묵이 없으므로 성숙이 없다. 이 조용함의 시간을 통해서 자신을 성찰한다든지 주님의 말씀을 듣는 시간이 없으므로 우리에게는 성숙이 없다."
그냥 달리고만 있는 것입니다. 그러다가 가는 것입니다. 그것이 인생입니까? 그것이 전부입니까?

아직도 현대인들에게 그 삶으로 영적인 충격을 던지며 살고 있는 인도의 전도자 테레사 수녀가 이런 이야기를 했습니다.
"하나님은 침묵의 친구이다."
그녀는 이렇게 이야기합니다.
"자연을 보라. 나무와 수목과 꽃과 풀이 어떻게 자라는가? 침묵 속에 자라나는 저 풀들을 바라보라. 태양을 보라. 달을 보라. 침묵 속에 움직이고 있는 거대한 우주를 보라."
떠드는 것만이 「생산」이라고 생각하지 마십시오. 아우성치는 것만이 삶이라고 생각하지 마십시오. 살아계신 하나님의 음성을 들으며 내 삶을 어제와 다른 삶으로 창조하기 위한 창조와 묵상의 시간이 당신의 삶 속에 준비되어 있습니까?
서두르지 마십시오. 너무 서두르지 마십시오.

둘째로, 하나님의 음성을 들으십시오

사람이 궁지에 몰리게 되면 어디서 좋은 소리가 들려오는가 하고 본능적으로 귀를 기울일 수밖에 없습니다. 그러나 그 소리가 모두 우리에게 유익한 소리는 아닐 수도 있습니다. 위기에 처하면 살 길을 구하는 인간의 본능을 우리는 이해할 수 있습니다. 그렇기 때문에 우리는 궁지에서 이렇게 묻습니다.
"이제 어떻게 할 것인가?"

그러나 더 중요한 질문은 이것입니다.
"하나님은 나에게 무엇을 기대하시는가?"
　본문에서 아브라함이 아내 사라의 제안이 아무리 솔깃한 제안이라고 해도 그것이 성경적인가를 검토한 흔적이 있습니까? 기도의 씨름이 있었습니까?
2절은 어떻게 끝납니까?
"…아브라함이 사래의 말을 들으니라."
이런 기록이 없는 것이 얼마나 유감입니까?
"주님의 말씀을 들으니라."
들려온 하나님의 음성이 없었습니다.

　오늘 당신과 살아계신 하나님과의 사이에 교통이 살아있습니까? 주님의 음성을 들으십니까? 들려오는 복잡한 시끄러운 소리에만 귀를 열고 있지는 않으십니까?
사람들의 소리, 심지어 그것이 나를 사랑하는 사람들의 충고와 조언이어도 그것이 나에게 전혀 유익하지 못할 수가 있습니다. 내 사랑하는 친구가 내게 던져준 최선의 충고도 다시 주님의 말씀 앞에 비추어 보아야 합니다.
"하나님, 이것이 하나님의 뜻과 일치합니까?"
우리의 비극은 이 성찰의 시간이 없다는 것입니다. 이 여백이 없습니다. 우리는 사람들의 이야기를 듣기에만 분주합니다.

　시내 산에 올라갔던 모세의 모습을 기억하십니까? 그가 왜 올라갔습니까?
주님의 음성을 들으러 갔습니다. 곤란과 역경에 처한 민족의 앞길에 대한 하나님의 지시를 받기 위해서 그는 시내 산을 올랐습니다.
　모세가 시내 산에 올라 주님의 음성을 듣는 동안에 모세의 형제였던 아론은 산 아래에서 누구의 소리를 듣고 있습니까?
백성들의 소리를 듣고 있습니다.

"모세는 사라졌다. 보이지 않는 하나님을 우리가 더 이상 기대할 이유가 무엇이냐? 아론이여, 금송아지를 우리의 신(神)으로 세웁시다. 그래서 그의 지시를 받도록 합시다."

이 백성들의 못난 소리, 이 백성들의 유익하지 못한 충고에 귀를 기울였던 아론의 결과는 어떻습니까?

그것은 실패였습니다. 좌절이었습니다.

그러나 홀로 시내 산 높은 곳에서 주님의 음성을 들었던 모세는 어떻게 내려옵니까?

그는 하나님의 영광을 가지고 내려옵니다. 하나님의 대답을 가지고 내려옵니다. 삶을 바꾸고 역사를 바꾸는 하나님의 거룩한 지혜를 가지고 내려옵니다.

오늘 당신과 저의 삶 속에 이 하나님의 음성을 들을 수 있는, 전능하신 그분의 지혜와 처방의 음성을 들을 수 있는 이 시간이 있습니까?

너무 복잡하게 살고 있습니다. 왜 그렇게 바쁘십니까?

하나님의 음성을 듣고 계십니까?

당신에게 지금도 말씀하시는 주님의 음성을 들으십니까?

셋째로, 수단과 방법을 가려서 하십시오.

인간이 수렁에 빠지게 되면 수단과 방법을 가리지 않고 살 길을 찾습니다. 우선 살고 보자는 것입니다. 그러나 악한 수단은 결코 선한 결과를 가져올 수 없다는 이 교훈을 배우기에 인간은 어찌 그리 더딘지요?

목적이 수단을 정당화할 수는 없습니다. 이것은 기독교 윤리의 출발점입니다. 아무리 좋은 목적이라도 그 목적을 추구하기 위해서 잘못된 수단을 사용할 때 그것은 결코 정당화될 수 없습니다.

"목적은 결코 수단을 정당화하지 못한다."

당신은 올바른 목표를 가지고 계십니까?

그러면 거기에 정당한 수단을 사용하십시오. 납세신고서에 있어서
절대로 정직하십시오.

아브라함이 하갈을 통해서 이스마엘을 얻은 행위는 그 목적이야
어찌되었긴 그것은 명백한 간음입니다. 그리고 아내에 대한 학대입
니다. 하지만 아브라함은 그것이 문제를 해결하는 길이라고 생각했
을 것입니다. 그래서 자식을 얻자마자 당장에 문제를 해결했다고 생
각했을 것입니다.
"이제 드디어 자식을 얻었다."
그러나 해결이었습니까?
아닙니다. 그것은 문제의 축적이요. 더 커다란 문제를 만드는 불씨였
을 따름입니다.
세월이 흘러갑니다. 새로운 삶의 환경이 전개되기 시작합니다. 하
나님이 약속대로 아들을 주십니다. 그러자 이 아들과 종을 통해서 얻
은 아들 사이에 생기기 시작하는 이 불협화음, 이 갈등, 이 고민!
잠을 이룰 수 없는 이 가정의 불화의 고통을 한번 생각해 보십시오.
이것이 도대체 응답이란 말입니까?

물론 하나님은 아브라함을 용서하셨습니다. 사라도 용서하시고,
심지어 하갈도 불쌍히 여기시고 이스마엘도 축복하셨습니다. 그러나
주께서 용서하셨다는 사실과 용서받았다고 해서 내 행동을 정당화할
수는 없다는 사실을 분명히 구별해 두기로 하십시다. 그리고 주께서
그들을 용서하셨음에도 불구하고 이 땅에 살아 있는 동안 그들은 그
들이 뿌렸던 씨에 대한 결과를 거두었다는 사실을 잊지 마십시오.
"사람이 무엇으로 심든지 그대로 거두리라"(갈 6:7).
이 말씀은 이 역사적인 마당에 있어서 진리입니다. 스스로 속이지 마
십시오. 하나님을 속이려고 하지 마십시오. 하나님은 속지 않으십니
다. 그분은 우리에게 말씀하십니다.
"사람이 무엇으로 심든지 그대로 거두리라 자기의 육체를 위하여 심

는 자는 육체로부터 썩어진 것을 거두고 성령을 위하여 심는 자는 성령으로부터 영생을 거두리라"(갈 6:7,8).

지금 아브라함과 사라는 그들이 뿌린 씨에 대한 결과를 거두고 있는 것입니다. 이 고통을 보십니까?
이 아픔을 보십니까?
이 눈물을 보십니까?
이 갈등을 보십니까?
그런데도 우리는 수단 방법을 가리지 않고 성공하려고 생각합니다. 이웃의 마음을 아프게 하고도 내가 이익을 취하면 정당하다고 생각하는 것입니다. 그리스도인의 사고 방식의 정체를 보십시오. 불신자들이 우리의 신앙을 존경하지 않는 이유를 알 만하지 않습니까?
"수단 방법을 가리라."
이것이 교훈입니다.

4. 문제 해결을 위한 접근 방법

아브라함이 처했던 이런 삶의 궁지와 난처함에 우리가 빠질 때, 이 문제에 접근할 수 있는 두 가지의 길이 있습니다.

첫째 방법, 환경을 먼저 보고 하나님을 보는 것입니다.
먼저 환경을 봅니다. 내가 처한 이 어려운 환경, 나의 모습을 쳐다봅니다. 한심합니다. 그 다음에 하나님을 봅니다.
"하나님, 어찌하여 나에게 이런 상황을 주십니까? 왜 사업의 어려움을 주십니까? 하나님, 왜 이렇게 나를 만드십니까?"
이것이 환경을 먼저 보고 그 다음에 하나님을 볼 때에 일어나는 결과입니다.

둘째 방법, 하나님을 먼저 보고 환경을 보는 것입니다.

주님을 먼저 보십시오. 시내 산에 오르십시오. 영광의 주님의 보좌를
향하여 가까이 나아가십시오. 의로우신 하나님, 전능하신 하나님, 전
지하신 하나님, 선하신 하나님, 거룩하신 하나님을 먼저 보십시오.
그 하나님의 얼굴을 먼저 구하십시오.
"그분의 얼굴을 찾으라!"
하루를 시작하기 전에, 사건을 시작하기 전에, 하루의 모든 삶의 문
제를 씨름하기 전에 전능하신 주님의 얼굴을 구하십니까?
그분의 보좌를 향해서 무릎을 꿇습니까?
그리고 그분의 음성을 듣습니까?
그 다음에 환경을 보십시오. 보았더니 주께서 나에게 지혜를 주십니
다. 이것이 문제가 아닌 것을 알게 됩니다. 이것이 내가 하나님의 지
혜를 가지고 헤쳐갈 기회임을 보게 됩니다.

당신의 문제가 무엇입니까?
당신의 갈등이 무엇입니까?
당신의 좌절과 방황과 낙심이 도대체 무엇입니까?
당신의 위기가 무엇입니까?
그러나 그것이 중요한 질문이 아닙니다. 결론은 이것입니다.
"당신은 하나님과 어떤 관계를 맺고 계십니까?"
그 하나님을 통해서 환경을 바라보고 계십니까?
시련이 왔다고요? 문제가 삶의 길에 중첩해 있다고요?
성경은 시련을 만난 그리스도인들에게 어떻게 충고합니까?
"지혜를 구하라."
그렇습니다. 이 낙심과 절망의 환경 속에서 먼저 주님의 얼굴을 구했
더니, 보좌에서 들려오는 그 거룩하신 하나님의 음성을 들었더니 주
께서 나에게 지혜를 주십니다. 나는 이제 이 환경을 향해서 나아갈
수 있습니다. 이 문제에 도전할 수 있습니다.
이 막연한 상황 속에서, 이 낙심의 상황 속에서 하나님이 얼마나
놀랍게 역사하실지, 그 영광을 얼마나 놀랍게 드러내실지, 이 도전을

보십니까? 이 영광을 보십니까?

서두르지 마십시오!

주님을 향하여 당신의 시선을 드십시오. 그분의 음성에 귀를 기울이십시오. 그리고 정당하게 사십시오.

한 유명한 그리스도인은 이런 증언을 남겼습니다.

"쫓기는 사람, 그는 아무것도 성취하지 못한다. 좇아가는 사람만이 성취할 수 있다."

목표를 설정하고 하나님의 지혜를 구하며 주님과 함께 그 목표를 향해서 가는 사람만이 성취할 수 있습니다. 아침부터 저녁까지 바쁘게 일에 쫓겨다니지만 의미 없이 쫓기고 있는 사람은 아무것도 성취하지 못합니다.

오늘 당신의 삶 속에서 이 의미없는 쫓기는 삶의 원인을 보십니까?

"주여, 나에게 잠잠할 수 있는 시간을 주소서."

이스라엘 백성들이 홍해 앞에 왔을 때, 그들은 앞을 다투어 하나님을 원망하기 시작합니다.

"주님, 어찌해서 우리를 여기까지 인도하셔서 이 바다에서 죽게 하십니까?"

그때 모세를 통한 하나님의 제 일성이 무엇이었습니까?

"너희는 두려워 말고 가만히 서서 여호와께서 오늘날 너희를 위하여 행하시는 구원을 보라 너희가 오늘 본 애굽 사람을 또 다시는 영원히 보지 못하리라 여호와께서 너희를 위하여 싸우시리니 너희는 가만히 있을지니라"(출 14:13,14).

그러나 우리는 하나님의 음성을 들을 수 있는, 하나님의 영광을 볼 수 있는 생활의 여유가 없습니다. 미치도록 의미없이 바쁘게 쫓겨다니기만 합니다.

"주여, 내가 삶 속에서 하나님과 교제하는 고요한 침묵의 시간의 중요성을 깨닫게 하옵소서."
나와 하나님 사이의 관계가 정상일 때 아무것도 두려워할 필요가 없
습니다. 그분이 내 곁에 계시는데, 그분이 내 삶을 인도하시는데 무
슨 두려움이 있겠습니까?
서두르지 마시고 그분의 인도를 기다리십시오!

> "어두운 후에 빛이 오며 바람 분 후에 잔잔하고
> 소나기 후에 햇빛나며 수고한 후에 쉼이 있네.
> 연약한 후에 강건하며 애통한 후에 위로받고
> 눈물 난 후에 웃음 있고 씨 뿌린 후에 추수하네.
> 괴로운 후에 평안하며 슬퍼한 후에 기쁨 있고
> 멀어진 후에 가까우며 고독한 후에 친구 있네
> 고통한 후에 기쁨 있고 십자가 후에 면류관과
> 숨이 진 후에 영생하니 이러한 도는 진리로다."

7
언약의 표징

"하나님이 또 아브라함에게 이르시되 그런즉 너는 내 언약을 지키고 네 후손도 대대에 지키라 너희 중 남자는 다 할례를 받으라 이것이 나와 너희와 너희 후손 사이에 지킬 내 언약이니라 너희는 양피를 베어라 이것이 나와 너희 사이의 언약의 표징이니라 … 할례를 받아야 하리니 이에 내 언약이 너희 살에 있어 영원한 언약이 되려니와 할례를 받지 아니한 남자 곧 그 양피를 베지 아니한 자는 백성 중에서 끊어지리니 그 언약을 배반하였음이니라"(창 17 : 9~14).

현대 기독교가 받는 비판 중의 하나는 주일의 교인들의 생활 태도와 월요일의 생활 태도가 다르다는 지적입니다. 다시 말하면 신앙고백과 삶의 괴리 현상이라고 말할 수 있습니다. 신앙을 고백하는데 그 고백을 뒷받침할 만한 삶의 내용이 그리스도인들의 삶 속에서 빈곤하다는 지적입니다. 이것은 어떤 특수한 이들만의 문제가 아니라 사실상 모든 그리스도인들의 문제라고 말하지 않을 수 없습니다.

기독교를 교리적으로 이해하는 것과 기독교의 내용을 삶으로 수용하는 데에는 커다란 차이가 있습니다. 예컨대 "하나님은 사랑이십니다"라고 고백하기는 쉽지만, 하나님이 나를 사랑하셨다는 엄청난 사실을 깨닫고 그 사랑에 감격하여 내가 주님을 사랑하는 삶 속에 들어가기까지에는 훨씬 더 많은 시간이 필요할 수 있습니다. 그러나 그가 진정한 그리스도인이라면 반드시 그의 삶 속에서 사랑의 하나님을 온 몸으로 체험하는 그 순간이 반드시 찾아올 것입니다.

사실상 하나님을 배울 수 있는 가장 분명하고 확실한 방법은 직접 삶을 통해서 하나님을 배우는 것입니다. 누군가가 말하기를 "삶의 현장은 가장 위대한 신학교"라고 했습니다. 우리가 성경 공부를 통해서 하나님을 배울 수 있습니다. 어떤 사람은 목사가 될 의도는 없지만 하나님에 대한 지식의 목마름 때문에 신학교 문을 두드리기도 합니다. 그러나 그렇게 공부하는 것은 머리로 하나님을 공부하는 것입니다. 머리로 하나님을 안다는 것과 마음과 삶으로 부딪쳐서 하나님을 배운다는 것에는 여전히 커다란 간격이 있을 수 있습니다. 삶을 통해서 배우는 하나님에 대한 지식과 깨달음, 이것이야말로 어떤 의미에서는 하나님을 가장 진실하고 분명하게 배우는 길이라고 말할 수 있습니다.

1. 아브라함에게 베푸신 하나님의 첫번째 가르침

창세기 17 장에 보면 아브라함이 하나님을 알 수 있도록 하나님이
자신을 아브라함에게 계시하시는 사건이 기록되어 있습니다. 본문은
이렇게 시작합니다.
"아브람의 구십구 세 때에 여호와께서 아브람에게 나타나서 그에게
이르시되 나는 「전능한 하나님」이라"(창 17:1).
이 말씀 이전에도 아브라함이 하나님을 "전능한 하나님"으로 알고 있
었을 가능성이 많습니다. 그러나 하나님은 새롭게 자신의 모습을 아
브라함의 인생의 어떤 결정적인 시기에 일러주시는 것입니다. 그래
서 아브라함은 새로운 의미에서 '아, 그렇구나 ! 하나님이 정말 전능
하시구나'라는 사실을 온 몸으로 부딪쳐 배우게 되는 순간입니다.

어떤 교회에 목사님이 새로 부임해서 아주 훌륭한 설교를 하셨습
니다. 교인들은 깊은 감동을 받았습니다.
'야, 우리가 목사님을 정말 잘 모셔왔구나. '
모든 교인들은 저마다 이렇게 생각했습니다. 그런데 그 다음 주일에
설교를 하시는데 전 주일의 설교와 같은 설교를 하시는 것입니다. 교
인들은 당황했습니다.
'혹시 목사님이 지난 주일에 무엇을 설교하셨는지 잊어버리신 것은
아닐까? 건망증이 있으신 모양이야. '
그러면서 그들은 교회당을 나왔습니다.
그런데 그 다음 주일에도 목사님은 똑같은 설교를 하셨습니다. 술렁
거리는 소리가 여기저기서 들리기 시작했습니다.
"아무래도 어떻게 된 분을 모셔온 모양이야."
『그러게 말이야.』
그 중에서 아주 용감한 교인 하나가 설교가 끝나자 내려오는 목사님
을 붙들고 말했습니다.
"목사님, 똑같은 설교를 세 번이나 하셨다는 사실을 모르셨습니까?"

알고 있다고 목사님은 대답하십니다.
"그런데 왜 그렇게 반복하셨습니까?"
『제가 한 설교를 여러분이 아직 실천하지 않고 있더군요. 저는 제가 드린 그 멧세지를 여러분의 삶 속에 참으로 적용하는 모습을 볼 때에 새로운 설교를 할 것을 계획하고 있습니다.』

사실 우리는 많은 설교를 듣고 많은 성경 지식을 머리 속에 축적해 가고 있습니다. 그러나 여전히 우리의 삶은 제자리 걸음입니다. 우리의 생활이 우리의 신앙고백과 커다란 간격을 두고 있는 것입니다. 이것이 아브라함의 고민이었습니다. 이것이 모든 시대를 살아가는 그리스도인의 고민입니다. 바로 이것으로 고민할 때 아브라함의 삶 속에 어느 날 하나님이 등장하셔서 자신이 어떤 존재인가를 가르치십니다. 그 첫번째 계시가 "내가 전능한 하나님이야"라는 말씀입니다.

① 하나님의 기회

그런데 이 말씀을 계시하신 그 때를 주목해서 볼 필요가 있습니다. 창세기 17 장 1 절에 의하면, 아브라함이 구십구 세 때에 하나님이 나타나십니다. 그런데 16 장의 맨 마지막 절을 보십시오.
"하갈이 아브람에게 이스마엘을 낳을 때에 아브람이 팔십육 세이었더라."
아브라함이 얼마나 아들을 갖기를 원했습니까?
하나님이 약속하셨으니까 기다렸는데 아무런 징표가 없으니까 더 이상 참을 수 없다고 생각하고 계집종인 하갈을 통해서 이스마엘을 얻은 사건을 우리가 이미 생각했습니다. 그러나 하나님은 그렇게 얻은 아들을 인정하지 않으십니다.
"내가 너에게 준 그 여인 사라를 통해서 아들이 있을 것이다."
그래서 더 기다리는 것입니다. 그러니까 창세기 16 장과 17 장 사이의 기간인 13 년을 기다린 것입니다.

그 13 년 동안 아브라함이 어떤 생각을 했겠습니까?
'하나님, 그러면 주셔야지요. 이스마엘을 인정할 수 없다고 선언하셨
으면 빨리 사라를 통한 아들을 주셔야지요.'
그러나 안 주시는 것입니다. 얼마나 초조했겠습니까?

② 엘 샤다이의 하나님

드디어 구십구 세. 이제는 인간적으로 희망이 다 사라졌습니다. 더
이상 자식을 낳을 능력이 없는 완전 절망 상태입니다. 그러나 바로
그 순간에 하나님이 개입하시는 것입니다. 그러니까 이 상황이 하나
님의 전능성을 가르치기에 얼마나 좋은 기회입니까?
"전능하신 하나님, 나를 도와 주십시오."
그럴 때 하나님이 우리의 사업을 도와 주십니다. 사업이 꽤 잘 됩니
다. 그렇지만 마음 속에 '물론 하나님이 안 도와 주실리야 없지. 그
렇지만 새벽부터 저녁까지 나도 땀 흘려 열심히 일하지 않았느냐'고
생각을 합니다.

하나님의 완전하신 도움을 인정하십니까?
당신의 삶의 장(場)에, 사업의 장에, 문제와 씨름하는 인생의 격전의
장에 하나님의 그 전능하신 능력으로 도와 주셨다고 100 퍼센트 인
정하십니까?
말은 하나님께 감사하다고 하지만 사실 '땀 흘리고 수고한 것은 나인
데'라는 생각을 우리는 합니다. 이러한 상황에서는 하나님의 전능성
을 말하기 곤란합니다.

그러나 이 아브라함의 상황을 보십시오. 이제 인간적으로 자식을
낳을 가능성은 전혀 없습니다. 완전한 절망입니다. 그런 상황에 하나
님이 등장하십니다.
"아브라함아, 나는 전능한 하나님이다."

보통 『엘로힘』이라는 말로도 하나님이 설명됩니다. 『엘로힘』은 "전능하신 하나님"이라는 뜻입니다. 위대한 창조를 통해서 하나님이 그 전능성을 나타내셨습니다. 그런데 본문에는 그냥 『엘로힘』이 아니라 『엘 샤다이』라는 단어로 기록되어 있습니다. 이 말은 『엘로힘』이라는 단어보다 조금 더 개념이 전진된 것입니다. 그냥 전능하신 정도가 아니라 그 전능하신 하나님이 우리의 삶 속에 개입하셔서 어떤 중대한 역사를 베푸시는 것을 나타낼 때 사용하는 단어입니다.
"엘 샤다이, 나는 전능한 하나님이다."
다시 말하면 아브라함의 인간적 불가능의 상황을 취하셔서 하나님은 그 속에서 자신을 가르치시는 것입니다.

하나님이 자신을 우리에게 가르치실 때는 삶을 통해서 가르치십니다. 내가 불가능할 때, 내가 절망하였을 때 내 삶 속에 등장하시면서 말씀하십니다.
"네가 이 사건을 통해서 내가 전능자라는 사실을 알기를 바란다."
우리 모두 인간의 불가능의 상황은 하나님의 위대성을 배울 수 있는 기회임을 아십시다.

서양 속담에 이런 말이 있습니다.
"인간의 극한 상황은 하나님의 기회이다."
우리가 절망할 때, 우리가 낙심할 때, 우리가 소망이 없다고 포기할 때, 이 상황이야말로 우리가 하나님을 알 수 있는, 하나님을 우리의 체험으로 배울 수 있는 놀라운 기회임을 아십니다. 얼마나 많은 사람들이 삶의 고통의 시간을 통해서 신앙을 갖게 되었습니까?
인생은 하나님을 배우는 학교입니다. 하나님은 우리의 삶을 통해서 자신을 가르치십니다.
자신의 전능성을 가르치기 위하여 아브라함의 불가능의 상황을 사용하셨던 하나님, 이 하나님을 당신은 배우고 계십니까?

2. 아브라함에게 베푸신 하나님의 두번째 가르침

하나님은 자신의 전능성 외에 또 하나 아브라함에게 가르치신 것이 있습니다.

"나 전능한 하나님이 네 삶 속에 나의 뜻을 이루겠다."

아브라함의 삶 속에는 하나님의 뜻이 있습니다. 그 뜻은 이루어져야만 합니다.

"내가 너와 내 언약을 세우니 너는 열국의 아비가 될지라 이제 후로는 네 이름을 아브람이라 하지 아니하고 아브라함이라 하리니 이는 내가 너로 열국의 아비가 되게 함이니라"(창 17:4,5).

하나님이 이름을 바꾸어 주십니다. 본래 이름인 『아브람』의 뜻은 "높으신 아버지"입니다. 아브라함은 그 이름 때문에 자기 자신에 대한 어쩌면 교만한 자아상을 가지고 있었을지 모릅니다. 그런데 하나님이 자신의 전능성을 계시하시면서 "네 이름을 이제는 아브라함이라 하라"고 말씀하십니다.

『아브라함』의 뜻은 "많은 민족들의 아버지"입니다. 이것은 아브라함이 힘이 세어진다는 그 정도가 아닙니다. 영향을 미치는 사람이 된다는 것입니다. 그냥 몇몇 사람에게서 높은 사람이라고 존경과 칭찬을 받는 것이 아니라 가족과 민족의 국경선을 넘어 많은 민족들에게 영향을 끼치는, 숫한 민족의 숫한 사람들의 신앙의 아버지가 될 것이라는 이야기입니다.

"모든 민족들의 아버지, 열국의 아버지가 되리라."

이것은 아브라함의 삶의 변화에 대한 하나님의 놀라운 가능성의 제시가 아니겠습니까?

"네 삶은 너 혼자만을 위한 삶이 되지 않을 것이다. 너는 변할 것이다. 전능한 나와의 동행을 통해서 네 삶은 마침내 주변의 많은 사람들에게 영향을 끼치는 삶이 될 것이다."

오늘 당신의 삶의 진정한 가치는 여기에 있습니다.

아브라함의 이야기를 할 때 우리는 언제나 "축복의 근원"이라고 해서 그를 복을 받은 사람으로 이해합니다. 그래서 아브라함의 복을 우리에게 달라는 기도를 합니다. 그러나 아브라함이 복 받은 사람이 되게 하는 것이 하나님의 목적은 아니었습니다. 창세기 12 장에서 이미 그것은 분명히 나타나 있습니다. "복을 받으리라"는 데서 끝난 것이 아니라 "복의 근원이 되리라"고 말씀하셨습니다.

"내가 너로 큰 민족을 이루고 네게 복을 주어 네 이름을 창대케 하리니 너는 복의 근원이 될지라"(창 12:2).

하나님이 우리에게 복 주시는 이유가 있습니다. 그것은 나에게 이 복이 머물러 있음에 하나님의 목적이 있는 것이 아니라, 내가 받은 복을 가지고 이웃들을 섬기며 이웃들에게 영향을 끼치기 위함입니다. 아니 내 가족, 내 민족의 국경선을 뛰어넘어서 다른 사람들에게 영향을 끼치는 존재가 되도록 하기 위함입니다. 오늘 당신과 저는 얼마나 주변의 사람들에게 영향을 끼치는 삶을 살고 있습니까?

모루드개 햄이라는 별로 유명하지 않은 시골 전도자가 한 사람 있었습니다. 이 사람이 한 시골에서 복음을 전하는데 사람들이 잘 모이지를 않습니다. 사람이 안 모이면 설교자들은 힘이 빠지기가 쉽습니다. 그래서 이 사람에게도 그냥 적당히 설교하고 싶은 유혹이 있는데, 하나님이 성령님을 통해서 그의 마음 속에 말씀하셨습니다.

"아니야. 최선을 다해야 해. 비록 적게 모였지만 이 사람들 중에서 이 세계에 영향을 끼치는 놀라운 사람이 있을지도 몰라."

그래서 그는 자기 마음 속의 공허를 극복하면서 "하나님, 오늘의 멧세지가 누군가의 마음에 부딪쳐 그에게 영향을 끼치게 도와 주십시오"라고 기도하면서 최선을 다해 말씀을 증거했습니다. 그날 한 학생이 앞으로 나오더니 자기의 삶을 주 앞에 바치겠다고 말했습니다. 그 학생이 바로 빌리 그래함 목사였습니다.

이 무명의 시골 교회 전도자의 이름을 기억하는 사람은 많지 않습니다. 그러나 그가 미쳤던 영향이 어떤 결과를 가져왔습니까?

오늘 당신의 삶은 주변에 어떤 영향을 미치고 있는지요?

위대한 사람들만이 영향을 끼친다는 신화를 우리는 거절할 수 있어야 합니다. 수산나라는 한 부인이 있었습니다. 이 부인은 교회에 나와서 예배를 드리고 큰 집회에 참석할 때마다 늘 마음에 걸리는 시간이 초청의 시간이었습니다.

"당신은 하나님을 위해서 무슨 일을 하겠습니까?"

그때마다 이 부인은 생각합니다.

'한낱 가정주부인 내가 무슨 일을 할 수 있겠는가?'

그래서 마음이 괴로웠습니다. 그러나 괴로울 때마다 그녀는 기도했습니다.

"하나님, 내가 별로 할 것이 없어 보입니다. 그러나 주께서 나에게 맡기신 이 많은 자녀들을 성실하게 기르겠습니다. 그들에게 하나님의 사랑을 심고 진리의 말씀을 가르치겠습니다. 이 아이들 중에서 이 세계를 흔드는 사람도 나올 수 있지 않겠습니까? 하나님, 내가 내 자녀들의 삶 속에 하나님을 위해서 사는 거룩한 삶의 영향을 끼치기를 원합니다."

이 부인이 바로 수산나 웨슬리입니다. 존 웨슬리의 어머니, 찰스 웨슬리의 어머니입니다. 이 부인의 자녀들은 위대한 전도자들뿐 아니라 영국을 도덕적인 파탄에서부터 구출하여 영국 사회에 혁명을 가져오는 위대한 지도자가 될 수 있었습니다.

우리가 삼천 명을 회개시키는 베드로가 될 수는 없을지 모르지만, 그 베드로를 주님 앞으로 인도한 한 사람의 안드레는 될 수 있지 않겠습니까?

저와 당신의 삶은 어떤 영향을 끼치고 있습니까?

『아브람』의 이름을 『아브라함』으로 바꾸신 하나님은 그의 아내의 이름도 바꾸십니다.

"하나님이 또 아브라함에게 이르시되 네 아내 사래는 이름을 사래라

하지 말고 그 이름을 「사라」라 하라 내가 그에게 복을 주어 그로 네게 아들을 낳아주게 하며 내가 그에게 복을 주어 그로 열국의 어미가 되게 하리니 민족의 열왕이 그에게서 나리라"(창 17:15,16).

아브라함이 "열국의 아버지"라면 그 아내 사라는 "열국의 어머니"입니다. 그들의 영향은 그 가족에게만 머물러 있을 것이 아니라 유대 민족을 뛰어 넘어서 세계의 모든 민족들에게 영향을 끼칠 것이며, 따라서 그들은 열국의 부모가 될 것입니다. 이것은 사실입니다. 오늘 유대인과 아무런 상관이 없는 우리도 아브라함의 신앙을 기억하면서 교훈을 받고 있지 않습니까?

삶에는 뜻이 있습니다. 태어나서 그저 생존을 위해서 몸부림치다가 그냥 갈 것인가, 아니면 주변의 이웃들에게 어떤 구체적인 영향을 남기면서 삶을 살겠는가가 우리에게 이 시간 던져진 물음입니다.

"내가 나의 뜻을 이루겠다."

아브라함에게 전능하신 하나님이 계시하신 다음에 "네 삶 속에 나의 뜻을 이루며 너로 영향을 끼치는 나의 사람이 되게 하겠다"는 이것이 하나님의 말씀이었습니다.

3. 하나님의 언약의 절정

"내가 내 언약을 나와 너와 네 대대 후손의 사이에 세워서 영원한 언약을 삼고 너와 네 후손의 하나님이 되리라"(창 17:7).

하나님께서 아브라함에게 많은 약속을 주셨지만 그 약속의 절정은 이것입니다.

"내가 네 하나님이 되겠다."

처음에 하나님은 이렇게 시작하셨습니다.

"나는 전능한 하나님이다."

하나님은 전능하십니다. 우주를 창조하신 하나님, 만물을 주관하시는 하나님, 전능하신 하나님. 그러나 그것이 나와 무슨 상관이 있습니까?

그러나 생각해 보십시오. 이 전능하신 하나님이 「나의 하나님」이라고 할 때 문제는 달라집니다. 그분이 당신의 하나님이십니까?

하나님은 인류의 아버지이십니다. 온 우주의 하나님이십니다.

"여호와는 나의 목자시니"(시 23:1).

"우리의 목자"라고 고백하지 않았습니다. "나의 목자"라고 시편 기자는 고백했습니다. 이 우주를 창조하신 하나님이 내 아버지이십니다.

불가능의 상황에서 모든 것을 던져버리고 포기하고 싶은 아브라함의 절망 가운데 하나님이 말씀하십니다.

"내가 너의 하나님이 되리라."

이 언약을 하시면서 하나님은 아브라함에게 두 가지의 요구를 하십니다.

하나님의 첫번째 요구 / "내 앞에서 행하여 완전하라."

"아브람의 구십구 세 때에 여호와께서 아브람에게 나타나서 그에게 이르시되 나는 전능한 하나님이라 너는 「내 앞에서 행하여 완전하라」"(창 17:1).

"전능한 하나님"이라는 말씀을 계시한 다음에 "너는 내 앞에서 행하여 완전하라"는 요구를 하나님께서 하십니다.

이 말씀을 읽다가 이 말씀 속에서 자기 일생의 좌우명을 선택한 사람이 있습니다. 유명한 개혁자 존 칼빈입니다. 칼빈의 일생의 삶의 모토(motto)는 "하나님 앞에서"(Coram Deo)입니다. 「신전의식」(神前意識)이라고 말합니다. 우리의 삶 속에는 얼마나 이 신전의식이 있는지요?

하나님 앞에서 장사하십니까?

하나님 앞에서 일하고 계십니까?

하나님 앞에서 당신은 가정의 생활을 하고 계십니까?

하나님이 나를 보십니다. 그분이 나를 아십니다. 내 삶을 감찰하십니다.

공중 앞에 나타나는 모습은 가장 진실한 그 사람의 모습이 아닐 수가 있습니다. 한 사람의 가장 진실된 자화상은 아무도 없을 때, 다른 사람을 전혀 의식하지 않은 그 시간에 무엇을 생각하고 무엇을 말하는가에 나타납니다. 그것이 진짜 그의 모습입니다. 이 "하나님 앞에서"의 의식, 신전의식이 없이는 우리의 삶은 바뀌지 않습니다.

"너는 내 앞에서 행하라. 그리고 완전하라."

요즘 미국에서는 TV 방송 교회 목사들의 타락상이 폭로되면서 신자들의 가슴을 아프게 만들고 있다고 합니다. 이에 한 기독교 언론인이 불신자의 입장에서가 아니라 신자의 입장에서 이런 통탄하는 글을 썼습니다.

"그들에게 만약 신전의식이 있었다면,「하나님 앞에서」의 의식이 있었다면…."

그러면서 꼬집습니다.

"카메라 앞에서"의 카메라 의식은 있었지만 "하나님 앞에서"의 의식은 없었다."

불꽃 같은 하나님의 안목이 이 순간도 나를 감찰하신다는 이 의식이 있는데 타락이 가능하리라 생각하십니까?

왜 우리가 죄를 범합니까?

아무도 나를 보지 않는다고 생각하기 때문입니다. 그러나 아닙니다. 하나님이 보고 계십니다. 그 하나님이 조금도 지치지 않으시고 나를 감찰하십니다.

여기에서 "완전하라"는 말은 우리가 보통 말하는 차원에서의 완전하라는 말이 아닙니다. 여기서는 "결정적 실수가 없는"이라는 완전함입니다. 하나님은 우리가 작은 실수를 할 수 있는 인간임을 아십니다. **그러나 부름받은 하나님의 자녀로서 우리는 적어도 하나님의 빛을 가리는 결정적인 실수는 삶 속에서 없어야 합니다.**

"너는 내 앞에서 행하라. 그리고 완전하라."

이것이 아브라함에게 하신 하나님의 첫번째 요구였습니다.

하나님의 두번째 요구 / "할례를 받으라."

"하나님이 또 아브라함에게 이르시되 그런즉 너는 내 언약을 지키고 네 후손도 대대로 지키라 너희 중 남자는 다 할례를 받으라 이것이 나와 너희와 너희 후손 사이에 지킬 내 언약이니라"(창 17:9,10). 할례를 받으라는 요구입니다. "할례"란 몸의 살가죽의 한 부분을 떼어내는 것입니다.

이스라엘 백성들의 최대의 욕은 "할례를 받지 못한 인간"이라는 말입니다. 그들에게 할례는 하나님의 백성의 표시였기 때문입니다. 지금은 할례(포경 수술)가 의학적으로 보편화되어 있지만, 그 당시에는 이스라엘 백성들밖에 할례를 받지 않았습니다. **할례는 이스라엘 백성과 그 백성이 아닌 사람, 하나님의 백성과 하나님의 백성이 아닌 사람들을 구별하는 기준이 되었습니다.**

할례의 표시가 몸에 있었다는 사실은 이런 의미입니다.
"너희들은 구별된 사람이야. 다르게 살아야 해."
다시 말하면 하나님의 백성이라는 표시를 육체에 가지고 다님으로써 그들은 끊임없이 '나는 하나님의 백성의 표를 받았어. 나는 다르게 살아야 해'라는 자기 변화의 의미를 확인하고 성결한 삶에 대한 도전을 계속하고 있었던 것입니다.

그러나 육체에 표시만 했다고 해서 끝난 것은 아닙니다. **하나님이 기대하시는 것은 사실 단순한 육체의 할례가 아니라 마음의 할례였습니다.**
"네 하나님 여호와께서 네 마음과 네 자손의 「마음에」 할례를 베푸사 너로 마음을 다하며 성품을 다하여 네 하나님 여호와를 사랑하게 하사 너로 생명을 얻게 하실 것이며"(신 30:6).
여기 무슨 할례를 강조했습니까?
육체의 할례가 아니라 마음의 할례입니다. 그래서 마음을 다하고 성품을 다하여 하나님 여호와를 사랑하며 살아가도록 요구하신 이 하나님의 의도를 당신은 이해하시겠습니까?

요한계시록을 읽어 보시면 마지막 날에 하나님이 없이 살아가던 사람들에게 도장이 찍힐 것이라고 말합니다. 그것은 "짐승의 표"라고 합니다. 마지막 날에 주님 앞에서는 두 가지의 표를 가진 사람들이 서게 될 것입니다. 하나님의 언약의 표시를 가진 사람들과 짐승의 표인 적그리스도의 표를 가진 사람들이 서게 될 것입니다.
당신은 누구에게 속하여 계십니까? 당신의 소속은 어디입니까?
교회에 나왔다는 사실이 내가 하나님의 백성이라는 사실을 증거하지는 않습니다. 침례(세례)를 받았다는 사실만으로 내가 하나님의 백성이 되었다고 말할 수 없습니다. 교회에서 무슨 직분을 맡은 사실이 내가 하나님의 백성이라는 것을 말하지 않습니다. 삶을 보여 주십시오! 삶 속에서 당신이 하나님의 거룩한 능력을 통해서 구별되어 구원받은 하나님의 백성이라는 증거를 나타내 보이십시오!

나폴레옹의 군대가 러시아에 진격했을 때, 어느 날 러시아 병사 한 명을 사로잡게 되었습니다. 나폴레옹은 그에게 자기를 황제로 섬기면 후한 대접을 해 주겠다며 전향할 것을 권유했습니다. 포로된 그 러시아의 병사는 이렇게 말했습니다.
"나는 러시아 황제 폐하 이외에는 그 누구에게도 나의 충성을 맹세하지 않겠소."
거절하는 말을 들은 나폴레옹은 화를 내며 부하에게 지시했습니다.
『저 놈에게 거룩한 황제의 표시를 새겨 주어라.』
그러자 한 병사가 달려들더니 그 러시아 병사의 팔에 불 인두로 "N"자를 새겼습니다.
『자, 봐라. 이미 네 팔에는 이 나폴레옹의 인(印)이 있느니라.』
이 말을 듣자마자 이 러시아 병사는 옆에 서 있던 프랑스 병사의 칼집에서 칼을 꺼내어 자기의 팔을 뚝 잘라버렸습니다. 피가 튀기며 하얀 눈밭에 떨어진 자기의 팔을 바라보면서 그는 말했습니다.

"나의 충성은 오직 한 분, 그 분에게만 바칠 것이오. 나의 황제 짜르여!"

그리스도의 피로 구원받아 그리스도께 속한 그리스도의 사람이 되었다면, 그 그리스도인이라는 할례의 흔적이 나의 마음에, 나의 삶 속에 나타나고 있습니까?
기적을 원하십니까?
전능하신 하나님이 함께 하시는 삶의 풍요와 영광과 드라마를 원하십니까?
주께서 말씀하십니다.
"내 앞에서 행하라. 그리고 그리스도의 표적을 지닌 삶을 살아라."

신문을 읽고 TV를 보면서 우리 주변의 타락한 사람들을 비웃기는 쉬운 일입니다.
그러나 당신은 어떻습니까?
교회당에 와서 찬양하고 기도하고 예배드리는 당신과, 가정에서 직장에서 사업의 터전에서 이웃의 사람들과 실갱이를 하는 당신은 어떻게 다릅니까?
그때 당신의 삶 속에는 그리스도의 마크(mark)와 하나님의 백성의 표시가 얼마 만큼 나타나 있습니까?

아브라함이 잘 살게 되었을 때가, 부요해지고 소돔의 적들을 물리쳐 아브라함의 명성이 높아진 때가 아브라함의 위기였습니다. 찬 바람, 폭풍우 속을 헤쳐갈 때는 우리가 하나님의 도움을 구하기 때문에 긴장할 수 있습니다. 그러나 이제 살 만합니다. 그때 우리가 타락할 위험이 있습니다. 이 위기의 순간에 아브라함의 삶을 바로잡고 그를 복의 근원답게 살아가도록 하기 위해서 하나님이 나타나셨습니다. 그리고 그에게 말씀하십니다.
"내 앞에서 행하여 완전하라. 그리고 내 백성임을 나타내라."

8
신령한 귀빈들(VIP)

"여호와께서 마므레 상수리 수풀 근처에서 아브라함에게 나
타나시니라 오정 즈음에 그가 장막 문에 앉았다가 눈을 들어
본즉 사람 셋이 맞은편에 섰는지라 그가 그들을 보자 곧 장
막 문에서 달려나가 영접하며 몸을 땅에 굽혀 가로되 내 주
여 내가 주께 은혜를 입었사오면 원컨대 종을 떠나 지나가지
마옵시고 물을 조금 가져오게 하사 당신들의 발을 씻으시고
나무 아래서 쉬소서 내가 떡을 조금 가져오리니 당신들의 마
음을 쾌활케 하신 후에 지나가소서 당신들이 종에게 오셨음
이니이다"(창 18 : 1~5).

손님은 참 귀하기도 하지만 때로는 참 귀찮기도 합니다. 아브라함에게 어느 날 손님이 찾아옵니다. 자기에게 온 손님을 아브라함이 어떻게 맞이하는가를 통해 손님 접대의 덕을 같이 나누어 보려고 합니다. 훗날 그리스도인들의 삶의 덕의 한 중요한 부분으로 '손님을 우리가 어떻게 접대할 것인가'라는 사실에 관한 전형적 모본의 근거가 된 것이 본문의 이 사건입니다. 다시 말하면 **아브라함은 우리에게 손님 접대의 좋은 철학을 제공했습니다.**

1. 아브라함에게 온 나그네

여기에 손님으로 등장한, 나그네로 등장한 분이 누구입니까?
본문에 보면 이 나그네의 말씀이 진행되면서 나그네가 말하는 것이 아니라 결국 하나님이 말씀하시는 것으로 되어 있습니다. 즉, 이 나그네는 사람으로 나타나신 하나님입니다.

문학 이론 가운데 「신인동형론」(Anthropomorphism)이라는 것이 있습니다. 신(神)이 사람의 형체로 나타난 것을 가리킬 때 쓰는 말입니다. 성경에서 우리는 하나님이 사람의 모습으로 등장하셔서 역사 속에서 활동하시는 모습을 종종 볼 수 있습니다. 본문의 사건도 그 중의 하나에 속합니다. 하나님이 나그네로 나타나셔서 아브라함에게 오십니다.

아브라함에게 찾아온 손님에 관해서 우리는 성경을 통해 세 가지의 특성을 찾을 수 있습니다. 손님은 예기치 못한 때에 예기치 못한 장소에 예기치 못한 모습으로 등장했습니다.

① 예기치 못한 때

"여호와께서 마므레 상수리 수풀 근처에서 아브라함에게 나타나시니라 오정 즈음에 그가 장막 문에 앉았다가"(창 18:1).

손님이 오정에 등장했습니다. 이 "오정"이라는 시각은 주인의 입장에
서 볼 때 손님을 반기기 어려운 시각입니다. 특별히 본문의 사건이
진행되고 있는 곳이 사막 지대라는 사실을 잊지 마십시오. 이스라엘
은 사막 지대의 한 부분입니다. 사막 지대의 사람들은 대개 오정 시각
에 이 둘 중의 하나를 합니다. 점심 때니까 점심을 먹든가 그렇지 않
으면 낮잠을 잡니다.

　낮잠을 잘 때에 손님이 등장했습니다. 당신 같으면 반길 수 있습니
까?
아마 신경질이 날 것입니다.
가족들끼리 시간을 가지면서 한가롭게 식탁에 앉아서 식사를 하고
있는데 '딩동뎅'하고 손님이 왔습니다. 반길 수 있습니까?
이 귀찮은 때에, 이 가장 환영할 수 없는 시각에 등장한 이 손님. 왜
하나님은 하필이면 이 때를 선택하셨을까요?

　이것이야말로 테스트(test)입니다. 내가 손님을 맞이하기에 가장
거추장스럽고 거북스러운 이런 시각에 내 집의 문을 두드리는 사람
을 내가 어떻게 맞이하는가 하는 것을 보시기 위함입니다. 이런 간단
하고 상식적인 삶의 장(場)에서부터 하나님은 우리를 시험하고 계시
다는 사실을 우리가 놓치지 말아야 합니다. 기도할 때만, 찬송할 때
만 그리스도인의 영성(靈性)이 나타나는 것이 아닙니다. 맞이하기에
가장 까다롭고 귀찮은 시각에 찾아온 손님을 맞는 이런 일상에서부
터 그리스도인 된 모습은 드러나야 합니다. 삶의 가장 단순한 부분에
서부터 하나님 앞에 시험받고 있다는 사실을 우리는 잊지 말아야 합
니다.

② 예기치 못한 장소

그분은 어느 장소에 등장하셨습니까?
마므레 상수리 나무 수풀 근처 장막 문 앞에 등장하셨습니다. 하나님

이 제단에 등장하셨다면 우리가 얼른 쉽게 알아볼 수 있을 것입니다. 이때도 제단이 설치되어 있었습니다. 그럼에도 불구하고 하나님이 제단에 나타나지 않으시고 장막 문에 등장하셨다는 사실을 주목해서 보시기 바랍니다.

예배드릴 때에 주님의 말씀이 들려 옵니다. 내 가슴에 찡하고 성령님의 감동하심이 찾아옵니다. 내 마음이 새로워집니다. 신선한 성령의 바람이 불어옵니다. 영혼을 새롭게 하시는 하나님의 손길을 경험합니다.

'하나님, 내게 오셨군요.'

교회에서 하나님을 만나는 것은 당연한 사실입니다. 예배의 순간에 우리는 성령님을 체험합니다. 그러나 하나님은 우리 가정의 문 앞에도 방문하신다는 사실을 아십시다.

무교회주의자(無敎會主義者)와 교회주의자의 싸움 가운데 가장 쟁점이 되는 싸움 내용은 하나님이 교회 안에만 계시냐는 것입니다. 무교회주의자들의 주장은 이렇습니다.

"하나님은 어디든지 계시다. 건물 밖에도, 들에도, 광야에도, 산에도, 이 온 우주 어디든지에 계시다. 그분이 안 계신 곳이 없다. 그런데 왜 하나님을 교회당의 회칠한 담벽 속에만 가두어 놓으려고 하는가?"

그 주장은 사실 틀리지 않습니다. 하나님은 어디든지 계십니다. 그러나 하나님은 교회당 안에도 계실 수 있습니다. 우리는 이 문제에 관해서 극단론에 빠지는 것을 언제나 경계해야 합니다.

성전이 처음으로 건립되었을 때 하나님이 이 성전 안에 특별한 의미에서 자신의 영광을 나타내셨음을 구약성경은 증거합니다. 구약시대에 하나님은 성전 안에 거하셨습니다. 그렇다면 그때 성전 바깥에는 하나님이 안 계셨을까요?

아니지요. 성전 밖에도 물론 계셨습니다. 그러나 하나님은 특별한 의미에서 한 장소를 택하시고 거기에 하나님의 영광을 나타내실 수 있습니다. 무교회주의자들의 오류는 교회당 안에서 특별한 의미로 역사하실 수 있는 그 하나님을 무시하는 것입니다.

그러나 한편, 교회에만 익숙한 우리는 너무 교회에 익숙한 나머지 교회당에서 기도하면 하나님이 들어주실 것 같고 집에 가서 기도하면 안 들어주실 것으로 생각합니다. 새벽기도회는 참으로 귀한 전통입니다. 그러나 새벽기도회가 나쁜 영향도 미쳤음을 시인합니다. 교회당에 와서 기도해야만 하나님이 기도를 들으시고 집에서 무릎 꿇어 하는 기도는 하나님이 응답 아니하실 것 같이 생각하는 것이 그것입니다. 이것은 하나님의 임재를 교회 속으로만 제한하는 것입니다.

그분은 때때로 이러한 우리의 의식을 수정하기 위해서 뜻밖에 다른 모습으로 예기치 않은 장소에 홀연히 등장하십니다. 어느 날 갑자기 나는 집에서 하나님의 음성을 들을 수도 있습니다.
당신의 가정에서 주님을 만나보셨습니까?
설거지를 하다가 주님을 만나보셨습니까?
주님은 우리집에도 방문하기를 즐겨하십니다. 여기서 뜻밖에 뜻밖의 장소에 등장하신 하나님의 모습을 보십시오.

③ 예기치 못한 모습

그분은 예기치 못한 모습으로 등장하셨습니다. 누구의 모습으로 등장하셨습니까?
사람인데 특별히 나그네의 모습으로 등장하셨습니다. 그런데 성경에 보면 한 사람이 아니라 세 사람이 등장했습니다. 어떤 성경 학자들은 이것을 보고 삼위일체의 하나님의 모습일지 모른다고 생각하기도 합니다. 그러나 저는 그것은 비약이라고 말하고 싶습니다. 삼위일체의 하나님을 나타내는 것은 아닙니다. 그러나 이 세 사람 중에 한 분이 하나님이신 것은 틀림없습니다. 그 나머지 둘은 아마 천사였을 것입니다. 두 천사를 대동하시고 하나님이 사람의 모습으로 등장하신 상황입니다.

이 사실을 창세기 19장 1절과 비교해 보면 더 확실히 알 수 있습니다.
"날이 저물 때에 그 두 천사가 소돔에 이르니…."
같은 맥락의 이야기가 계속되고 있는 상황에서 소돔에 두 천사가 등장합니다. 그러므로 두 사람은 틀림없이 천사였을 것입니다.
처음에는 이 세 사람과 아브라함이 대화하는 것으로 되어 있습니다. 그러나 본문 13절에 보면 주어(主語)가 갑자기 바뀝니다. 지금 무대에는 세 사람과 아브라함밖에 없는데 주어가 바뀌면서 성경은 이렇게 말합니다.
"여호와께서 아브라함에게 이르시되."
여기 두 천사를 대동하고 등장하신 하나님의 모습을 보십시오. 그런데 그 하나님이 사람의 모습으로 등장하셨습니다. 나그네의 모습으로 등장하셨습니다.

신비적인 기질을 가진 신앙인들의 경우에 하나님이 등장하신다고 하면 일반적으로 꿈에서 나타나시는 것을 생각하고 기대합니다.
"꿈을 꾸는데 갑자기 금빛 찬란한 빛이 비치면서 흰옷을 입으시고 수염을 기르신 하나님이 등장하셨다."
대개 이런 연상을 합니다.

그러나 본문에서 하나님은 어떤 모습으로 등장하셨습니까?
평범한 나그네의 모습입니다. 어쩌면 하나님은 우리가 연상하는 것처럼 금빛 찬란한 모습으로 우리 곁에 다가오시는 것이 아니라 날마다 날마다 살아가는 일상적 환경 속에서 내가 늘 접촉하는 친구를 통해서, 이웃들을 통해서 나를 깨우쳐 주시고 교훈을 던져 주시고 하나님을 바라보게 하시는지 모릅니다.

곁에 있는 친구들을 통해서 우리는 그동안 얼마나 신앙의 커다란 격려를 받았습니까?
물론 그 사람이 하나님은 아니지만, 그 사람을 통해서 우리를 격려하시고 깨우쳐 주시고 새롭게 하시는 하나님의 은혜가 얼마든지 가능합니다. 하나님은 금빛 찬란한 모습으로 환상이나 꿈에만 등장하시는 것이 아닙니다. 때때로 가장 평범한 모습으로 우리의 이웃들을 통해서, 날마다 살아가는 우리의 삶의 환경을 통해서 나를 깨우쳐 주시고 만나 주신다는 사실을 이 말씀 앞에서 배울 수 있습니다. 예기치 못한 때에 예기치 못한 장소로 예기치 못한 모습으로 등장한 이 손님의 모습을 기억하십시오.

2. 손님을 맞는 아브라함의 자세

이제 손님을 맞이하는 아브라함의 자세를 주목해 보시기 바랍니다. 아브라함이 어떻게 이 손님들을 맞이합니까?

첫째로, 공손하고 친절하게 맞이했습니다.
그것 때문에 나중에 신약성경에서 이런 구절이 가능하게 되었습니다.
"형제 사랑하기를 계속하고 손님 대접하기를 잊지 말라 이로써 부지중에 천사들을 대접한 이들이 있었느니라"(히 13:1,2).
성경 관주를 보면 이 구절과 창세기의 아브라함의 이 사건이 연관되어 있음을 알 수 있습니다. 만일 그가 그들을 시원치 않게 대접했었더라면 나중에 자기를 방문한 그 낯선 나그네가 하나님이셨음을 알았을 때 얼마나 가슴을 치면서 후회했을까요?

성경에 영적 지도자의 자격을 말할 때마다 계속적으로 일관성 있게 강조하는 중요한 덕 중의 하나가 바로 이것이라는 사실을 아십니까?

로마서 12장을 보십시오. 로마서 12장은 헌신의 장입니다.

"그러므로 형제들아 내가 하나님의 모든 자비하심으로 너희를 권하노니 너희 몸을 하나님이 기뻐하시는 거룩한 산 제사로 드리라 이는 너희의 드릴 영적 예배니라"(롬 12:1).

우리가 주님 앞에 드려야 할 중요한 헌신을 가르쳐 줍니다.

계속해서 보시면 하나님이 우리에게 은사를 주셨는데 이 은사를 가지고 어떻게 주님을 섬겨야 할 것인가를 말씀합니다.

"성도들의 쓸 것을 공급하며 **손 대접하기를 힘쓰라**"(롬 12:13).

성도들의 중요한 헌신 가운데 이런 헌신이 있습니다. 헌신을 추상적으로 생각하지 마십시오. 교회에 열심히 나오시기 바랍니다. 시간마다 참석해 주십시오. 이것은 중요한 헌신입니다. 그러나 이것만을 헌신으로 생각하지 마십시오. 손님을 열심히 대접하는 것, 이것도 중요한 헌신입니다. 이것을 통해서 그 마음을 녹여 복음을 받아들일 수 있는 토양을 만든다면 얼마나 중요합니까? 입술이 둔하고 말이 짧아 복음을 전할 수 있는 실력이 없거든 대접할 수는 있지 않습니까?

디도서 1장은 특별히 교회 지도자의 자격에 대한 말씀이 기록되어 있습니다.

"감독은 하나님의 청지기로서 책망할 것이 없고 그 고집대로 하지 아니하며 급히 분내지 아니하며 술을 즐기지 아니하며 구타하지 아니하며 더러운 이를 탐하지 아니하며 **오직 나그네를 대접하며** 선을 좋아하며 근신하며 의로우며 거룩하며 절제하며"(딛 1:7,8).

여기에서 손 대접이 얼마나 중요한 교회의 영적 지도자의 자격 중에 하나로 언급되고 있는가를 잊지 마십시오. 모든 유형의 지도자, 그가 교회에서 어떤 지도자이든, 하나님의 백성들을 섬기는 영적 지도력을 흠모하는 사람마다 이 자질을 키워야 합니다. 다시 말하면 손 대접하기에 힘써야 합니다. 이것은 그렇게 중요한 덕목(德目)입니다.

본문 2절을 보십시오.
"눈을 들어 본즉 사람 셋이 맞은편에 섰는지라 그가 그들을 보자 곧 장막 문에서 달려나가 영접하며 몸을 땅에 굽혀."
곧장 달려갑니다. 계속 보십시오.
"가로되 내 주여 내가 주께 은혜를 입었사오면 원컨대 종을 떠나 지나가지 마옵시고"(창 18:3).
그가 주님을 알아보았다고 비약하지는 마십시오. 왜냐하면 구약성경에서 "주"(主)라는 표현은 자기의 주인이나 높은 사람에게 두루 쓰던 표현이기 때문입니다. 그러므로 여기서 그가 꼭 하나님인 것을 알아차렸기 때문에 "주님"이라고 불렀다고 확정지어서 말할 수는 없습니다. 손님에 대한 도리로써 그렇게 말했을 가능성도 큽니다.
"물을 조금 가져오게 하사 당신들의 발을 씻으시고 나무 아래서 쉬소서"(창 18:4).
얼마나 친절한 대접입니까?
아브라함은 친절하고 공손하게 손님을 대접했습니다.

둘째로, 가족 전체가 대접했습니다.
본문에서 우리가 간과해서는 안 될 사실이 하나 있는데, 그것은 아브라함이 개인적으로 손님을 맞이했을 뿐만 아니라 그의 가족 전체가 또한 이 손님들을 반갑게 맞이했다는 사실입니다. 집을 개방해 손님을 대접하고 성도들을 섬기는 일은 가장(家長) 한 사람의 결심만 가지고는 안 됩니다. 만약 이때 아브라함의 아내 사라가 이것을 못마땅하게 생각했었더라면 양상이 어떻게 달라졌을까요?

하나님의 일에 대한 헌신에 있어서는 반드시 부부의 헌신일 필요가 있습니다. 부부가 함께 주님 앞에 헌신하지 않으면 하나님의 일은 참으로 어려운 것입니다.

본문에서 사라는 어떤 역할을 합니까?

"아브라함이 급히 장막에 들어가 사라에게 이르러 이르되 속히 고운 가루 세 스아를 가져다가 반죽하여 떡을 만들라 하고"(창 18:6). 사라는 말없이 순종했습니다. 여기서 함께한 이 부부의 헌신을 볼 수 있습니다.

또한 종들도 일사분란하게 아브라함의 명령 앞에 같이 움직입니다. 한 가족이 일체감을 이룬 이 전적인 헌신의 모습을 보십시오. 이런 가족들이 얼마나 아름답습니까?

온 가족이 함께 주님을 섬기는 모습, 내 집 문을 열어 나그네를 대접하며 그들에게 복음을 이야기하며 하나님의 사랑으로 성도들을 대적하는 이런 일들은 얼마나 아름다운 헌신의 모습입니까?

문을 열어 이웃들을 초청하십시오. 복음을 나눌 수 있는 기회, 하나님의 영광을 나타낼 수 있는 기회, 성도들간의 친교를 도모할 수 있는 기회를 창조하면서 사십시오.

초대 교회는 보통 가정에 있었습니다. "네 집에 있는 교회에게 편지하노니"라는 구절이 얼마나 성경에 많습니까?

빌레몬 같은 사람도 자기 집을 교회의 처소로 내놓았습니다. 이것은 보통 헌신이 아닙니다. 어쩌다가 한 번 모이는 것은 몰라도 자기 집이 교회이면 사생활이 없어집니다. 사생활을 빼앗기고 하나님의 일에 내 집을 내놓아야 하는 이 헌신을 생각해 보십시오. 우리들 가운데서 주일학교 교사들을 위하여, 성가대를 위하여, 아니 주님을 알지 못하는 이웃들을 위하여 집을 개방해 대접하는 이런 헌신이 더욱 많이 있다면 얼마나 아름답겠습니까?

아브라함 가정의 아름다운 헌신의 모습을 여기서 볼 수 있습니다.

셋째로, 마음으로부터 섬겼습니다.

손님을 맞이하는 아브라함의 헌신의 자세 가운데 더욱 돋보이는 것은 마음으로부터의 섬김입니다. 그의 섬김은 의무적인 섬김이 아니었습니다.

"다른 사람들도 다 하니까 나도 우리 집에서 한 번은 대접해야지."

이것은 의무입니다. 섬김이 아닙니다. 마음으로부터 하십니까?

이 일이 하나님이 맡겨주신 일인 줄 알고 기쁨과 즐거움으로 하십니까?

그것이 더 중요합니다. 아브라함이 이 일을 마음으로부터 기뻐하면서 한 것임을 우리는 다음의 그의 말에서 알 수 있습니다.

"내가 떡을 조금 가져오리니 **당신들이 마음을 쾌활케 하신 후에** 지나가소서 당신들의 종에게 오셨음이니이다"(창 18:5).

단순히 손님에게 육체적으로만 접대하고 쉴 자리를 제공하는 것이 아니라 그는 그들의 마음까지 편안하게 해 주고 싶은 것입니다.

"마음 놓으시고 푹 쉬십시오."

어떤 집에 가면 대접은 하는데 바늘 방석일 때가 있습니다. 마음을 불안하게 만듭니다. 상대방의 마음을 쉬게 하십시오. 이것이 진정한 손님 대접입니다. 마음 속의 참된 평안을 나누십시오. 손님을 왕으로 모십시오. 그 손님이 당신의 주인이시라면, 당신의 하나님이시라면 어떻게 하시겠습니까?

나그네의 초라한 모습으로 내 집에 왔지만 그가 만약 하나님이시라면 어떻게 모시겠습니까?

마음으로부터 섬기십시오.

아브라함은 종이 많았던 것 같습니다. 많은 재산이 있었던 사람이므로 종들도 많아 일을 다 시킬 수 있었을 것입니다. 여기서 종들도 물론 일하고 있습니다. 그러나 종들만 하고 있는 것이 아니라 아브라함도 앞장서서 손님을 대접하는 일에 열심입니다.

"아브라함이 뻐터와 우유와 하인이 요리한 송아지를 가져다가 그들의 앞에 진설하고 나무 아래 모셔 서매 그들이 먹으니라"(창 18:8).

주인이 앞장서서 일하고 있는 이 모습을 보십시오. 여기서 철저하게 섬김의 자리에 섰던 믿음의 조상 아브라함의 모습을 우리는 확인하게 됩니다. 이것은 진심으로부터 우러나오는 섬김이었습니다.

3. 손님을 대접한 후의 결과

첫째로, 부지중에 하나님과 천사들을 대접했습니다.
아브라함은 이 섬김을 통해서 하나님과 천사들을 대접했습니다. 히브리서 13 장에 보면 이 섬김이 "부지중"(不知中)에 행해졌다고 기록되어 있습니다. 이것은 "알지 못하고"라는 뜻입니다. 평범한 이웃을, 지나가는 평범한 나그네를 대접했습니다. 그런데 그가 천사였습니다.

우리가 이 다음에 천국에 갔을 때 이런 일이 있을지 모르겠습니다. "제가 천사 아무개입니다. 그때 당신 집에서 잘 대접을 해 주어서 정말 감사했습니다."
『아니 우리 집에 언제 오셨습니까?』

마태복음에서 예수님이 무슨 말씀을 하십니까?
"내 아버지께 복 받을 자들이여 나아와 창세로부터 너희를 위하여 예비된 나라를 상속하라 내가 주릴 때에 너희가 먹을 것을 주었고 목마를 때에 마시게 하였고 나그네 되었을 때에 영접하였고 벗었을 때에 옷을 입혔고 병들었을 때에 돌아보았고 옥에 갇혔을 때에 와서 보았느니라 이에 의인들이 대답하여 가로되 주(主)여 우리가 어느 때에 주의 주리신 것을 보고 공궤하였으며 목마르신 것을 보고 마시게 하였나이까…임금이 대답하여 가라사대 내가 진실로 너희에게 이르노니 너희가 여기 내 형제 중에 지극히 작은 자 하나에게 한 것이 곧 내게 한 것이니라"(마 25:34 ~ 40).
우리 주변에 주린 사람이 있습니까? 목마른 이웃이 있습니까? 나그네가 있습니까? 헐벗은 사람이 있습니까? 병든 사람이 있습니까? 옥에 갇힌 사람이 있습니까? 그들을 우리가 어떻게 섬기고 있습니까?

"부지중에" 손님을 대접해서 하나님과 천사들을 대접한 아브라함의 이 아름다운, 너무나 아름다운 이 모습을 보십시오.

둘째로, 자기의 문제를 해결받았습니다.

아브라함은 천사와 하나님을 대접했을 뿐만 아니라 자기의 문제도 해결할 수 있었습니다. 이 사건이 전기가 되어서 어떤 문제가 해결됩니다.

아브라함이 한참 손님 접대를 하고 있는데 찾아온 손님들이 그에게 묻습니다.

"네 아내 사라가 어디 있느냐?"

『장막에 있습니다.』

"그가 가라사대 …."

이제껏 주어가 복수로 나오다가 여기에 와서는 단수로 등장합니다. 한 사람이 집중적으로 이야기를 합니다. 그가 누구입니까?

하나님이십니다.

"그가 가라사대 기한이 이를 때에 내가 정녕 네게로 돌아오리니 네 아내 사라에게 아들이 있으리라"(창 18:10).

문제를 갖고 계십니까?

문제 해결의 좋은 방법이 있습니다. 자기의 문제를 걱정하지 마십시오. 그러면 그 문제 속에 빠집니다.

테레사 수녀가 미국을 방문해서 어떤 도시에서 간증을 하고 말씀을 증거하고 나오는데 여자 교우 한 분이 테레사 수녀를 붙들었습니다.

"나는 지금 자살을 결심하고 있습니다. 도저히 더 이상 살아갈 수가 없어요."

이 말을 듣고 테레사 수녀는 이런 권면을 했습니다.

『그러나 자매여, 자살하기 전에 내가 자매에게 한 가지만 요청하고

싶어요. 내가 있는 인도의 캘커타에 와서 나와 같이 한 달만 일하고
난 후에 자살을 하세요.』
이 여자 교우는 그 요청을 받아들이기로 하고 테레사 수녀를 따라서
인도의 캘커타로 갔습니다. 거기서 그녀는 한치의 앞도 내다볼 수
없는 사람들을 보았습니다. 오랜 기아와 질병으로 까맣게 말라 비틀
려 죽어가는 그들을 붙들고 부지런히 간호하고 치료했습니다. 그
러다 보니까 살고 싶어졌습니다.
'내게도 살 만한 보람이 있었구나.'
그래서 이 여자 교우는 자살의 유혹을 극복하고 테레사 수녀와 함께
복음을 위해서 헌신하는 사람이 되었다는 일화가 있습니다.

　문제가 있거든 그 문제에 빠지지 말고 내 문제보다 훨씬 더 커다란
아픔 속에서 고뇌하고 있는 이웃들을 찾아가십시오. 그래서 그들에
게 복음을 전하고, 그들을 섬기십시오. 그때 나는 비로소 알 것입니
다. 내 걱정이 사치에 속한다는 것을. 우리가 고민한다고 하지만 그
고민이 사치스러운 고민일 수 있습니다. 밥 한 끼를 때우지 못하고
곯은 배를 움켜잡고 있는 우리의 이웃들을 생각한다면 우리의 고민
은 차라리 사치에 속할 수가 있습니다.
　아브라함은 자기에게도 감당할 수 없는 문제가 있었습니다. 그런
데 그 고민 중에서도 집에 찾아온 손님을 대접하는 일에 힘썼더니 하
나님이 이렇게 말씀하시는 것입니다.
"오냐, 네 문제는 내가 책임져 주마."
내가 해야 할 일, 하나님의 나라와 의(義)를 위해서 헌신해야 할 것
에 내가 헌신했더니 하나님이 이렇게 말씀하시는 것입니다.
"네 아들 걱정하지 마라. 내가 책임지마."
손님을 대접했을 때 아브라함은 자기 문제의 해결을 보게 되었습니
다.

　그런데 계속 아들을 준다는 말씀을 하셨어도 하나님이 아들을 빨

리 주시지는 않고 시간이 흘러갔기 때문에 사실 아브라함은 믿지 않았을지도 모릅니다.

'이것이 사실일까? 아닐까?'

재미있는 것은 17장 15절 이하에 보시면 사래의 이름을 『사라』라 바꾸시고 그로 열국의 어미가 되게 하시겠다고 말씀하십니다. 그러나 지금 아브라함에게 자식이라고는 여종을 통해 얻은 이스마엘 하나밖에 없습니다. 그런데 사라가 열국의 어미가 되리라고 말씀하십니다. 이 가당치도 않은 말씀을 듣고 아브라함이 그 다음에 어떤 반응을 보였습니까?

17장 17절에 보시면 아브라함이 엎드려서 웃었다고 기록하고 있습니다.

"아이, 하나님 웃기시네요. 열방의 어미, 민족들의 어머니요? 이 여자는 아직 하나도 못 낳았는데요?"

그런데 아브라함만 웃은 것이 아닙니다.

"그가 가라사대 기한이 이를 때에 내가 정녕 네게로 돌아오리니 네 아내 사라에게 아들이 있으리라 하시니 사라가 그 뒤 장막 문에서 들었더라 아브라함과 사라가 나이 많아 늙었고 사라의 경수는 끊어졌는지라 사라가 속으로 웃고 이르되 내가 노쇠하였고 내 주인도 늙었으니 내게 어찌 낙이 있으리요"(창 18:10 ~ 12).

"하나님, 아무리 아들을 주신다고 하셨지만 그래도 이제는 사정이 다르지 않습니까?"

그러나 하나님은 계속 설득하십니다.

"내가 한다면 하는 거야."

13절에 보시면 성경 전체에서 제일 재미나는 말씀이 기록되어 있습니다.

"여호와께서 아브라함에게 이르시되 사라가 왜 웃으며 이르기를 내가 늙었거늘 어떻게 아들을 낳으리요 하느냐."

사라에게 왜 웃느냐고 물으시는 것입니다.

"사라가 두려워서 승인치 아니하여 가로되 내가 웃지 아니하였나이
다 가라사대 아니라 네가 웃었느니라"(창 18:15).

웃음 논쟁이 기록되어 있습니다. 사실 겉으로 소리나게는 안 웃었습
니다. 그러나 속으로 웃었습니다. 그래서 하나님이 그녀가 분명히 웃
었다고 말씀하시는 것입니다.

손님을 접대한 자리에서 뜻밖에 자기의 문제에 대한 해결의 .약속
을 다시 확인받은 아브라함과 그 아내 사라의 이 축복된 광경을 한번
연상해 보십시오.

드디어 아들을 낳았습니다. 이름을 『이삭』이라고 지었습니다. 『이
삭』의 뜻은 "웃음"입니다. 이런 것을 보아서 저는 하나님은 아주 유
우머가 많은 하나님이시라고 확신합니다. 그런데 하나님의 백성들은
너무 인상을 쓰고 삽니다. 인상 쓰고 살지 마십시오. 웃으면서 사시
기 바랍니다.

셋째로, 미래를 내다보는 안목을 갖게 되었습니다.

이것은 주목할 만한 축복입니다. 하나님이 그에게 놀라운 계시를 하
셨습니다.

"그 사람들이 거기서 일어나서 소돔으로 향하고 아브라함은 그들을
전송하러 함께 나가니라 여호와께서 가라사대 나의 하려는 것을 아
브라함에게 숨기겠느냐"(창 18:16,17).

이 나그네들은 소돔으로 향합니다. 바야흐로 소돔을 향한 심판과 재
앙의 드라마가 시작되려는 순간입니다. 그런데 아브라함이 이들을
겸손히 전송했더니 그 다음에 성경이 말합니다.

"나의 하려는 것을 아브라함에게 숨기겠느냐."

이렇게 하나님의 마음을 알아드리고 하나님을 섬기는 아브라함에게
하나님이 그 뜻을 숨기시겠습니까?

그 다음 계속되고 말씀을 읽어보시면, 하나님이 소돔과 고모라의
심판에 대한 멧세지를 허락하십니다. 그 이야기를 듣고 아브라함은
소돔으로 뛰어갑니다. 그리고 소돔의 운명을 붙들고 하나님 앞에 중
보의 기도를 시작합니다.

그런데 왜 하나님이 아브라함에게 이 사실을 알리셨습니까?
아브라함은 하나님과 통하는 사람이었습니다. 하나님의 마음을 알아
드린 아브라함. 이 아브라함에게 하나님은 그분의 비밀스러운 뜻을
계시하신 것입니다.

어떤 성경 학자는 이 장면을 가지고 이렇게 말했습니다.
"이 순간부터 아브라함은 진실한 의미에서 하나님의 동역자가 되었
다."
하나님의 동역자, 하나님의 벗. 하나님은 아브라함을 "벗"이라고 부
르셨습니다(대하 20:7). 이제 하나님은 아브라함과 함께 일하십니
다. 역사를 섭리하는 드라마를 아브라함과 함께 경영하십니다. 하나
님의 경영에 동참했던 아브라함의 특권!
그가 하나님과 함께 역사에 심판과 재앙을 연기시키기도 하고 그 재
앙을 내리는 일에 참여할 수도 있었던 이 놀라운 특권이 어디에서 왔
습니까?
아주 시시한 일입니다. 손님 대접하는 일에서부터입니다.

제가 이런 헌신의 초청을 한다면 어떻게 응답하시겠습니까?
"앞으로 대문을 열어 그리스도인들을 격려하며 또 그리스도인이 아
닌 사람들을 대접하는 일에 헌신하실 분은 손을 드십시오."
사실 이런 것이 구체적인 헌신입니다. 말로만 헌신하지 말고 이런 구
체적인 헌신을 통해서 주님 앞에 당신의 삶을 드리지 않으시겠습니
까?
내 가족의 안전을 위해서, 다만 먹고 사는 문제를 위해서 내 집 문을
꼭꼭 닫아놓고 살기를 원하십니까? 아니면 복음의 영광을 위하여
집을 열어 찬송과 기도와 이웃들을 위한 전도의 장소로 사용하기를

원하십니까?

성도의 헌신은 이런 구체적인 헌신이어야 합니다. 이 일에 더욱 헌신하는 성도들의 모습이 주님 앞에 나타나기를 기도합니다.

집이 작아 고민하는 분들이 계십니까?

큰 집을 주시도록 기도하십시오. 그러나 목적이 분명해야 합니다. 하나님의 나라를 위하여, 복음의 빛을 위하여, 주님의 일을 위하여 집을 개방하던 초대 교회 성도들처럼 그 목적이 주님 앞에서 분명해야 합니다.

손님 접대란 귀찮은 일입니다. 땀을 흘리며 준비해야 합니다. 쉬운 일이 아닙니다.

"그래도 내 집을 열겠습니다."

부지중에 천사를 대접하고 하나님을 대접했던 아브라함. 우리도 그처럼 산다면 천국에서 주님을 만나는 날, 이런 주님과의 대화가 가능하지 않겠습니까?

"나를 대접한 너에게 감사하마."

『주님, 언제 제게 오셨는데요?』

"그때 배고픈 친구의 모습으로 너를 찾아갔었다."

주린 자의 모습으로, 헐벗은 자의 모습으로, 나그네의 모습으로, 외로운 자의 모습으로 내게 찾아와 내 집 문을 두드리는 이웃들을 섬기며 그들에게 하나님의 사랑을 전했던 세상에서의 날들!

"내가 기억한다, 부지중에 네가 나를 대접했느니라."

작은 집이지만 복음을 위하여 문을 열어 정성껏 준비한 사랑의 음식으로 그들의 마음을 쾌활케 하는 이 섬김과 헌신이 요구되는 계절입니다.

9
아브라함의 중보기도

"그 사람들이 거기서 떠나 소돔으로 향하여 가고 아브라함은
여호와 앞에 그대로 섰더니 가까이 나아가 가로되 주께서 의
인을 악인과 함께 멸하시려나이까 그 성중에 의인 오십이 있
을지라도 주께서 그곳을 멸하시고 그 오십 의인을 위하여 용
서치 아니하시리이까 … 아브라함이 또 가로되 주는 노하지
마옵소서 내가 이번만 더 말씀하리이다 거기서 십인을 찾으
시면 어찌하시려나이까 가라사대 내가 십인을 인하여도 멸
하지 아니하리라"(창 18 : 22~32).

오늘날 우리는 기도가 불신되는 시대 속에 살고 있습니다. 더더욱 슬픈 사실은 기도가 교인들에게서조차 외면당하고 있다는 것입니다. 오늘날 많은 사람들이 교회에 출석하기를 즐깁니다. 말씀 듣기를 즐깁니다. 부흥회에 참석해서 부흥사의 만담도 즐깁니다. 교회의 다양한 교육 프로그램에 참여하기도 하고, 교회의 친교도 즐기고, 심지어는 봉사도 즐깁니다. 그런데 불행한 사실은 기도를 즐기고 있는 교인들이 별로 없다는 사실입니다.

과거에 교회 역사 속에 큰 부흥이 일어났던 때가 몇 번 있습니다. 부흥이라 할 때 우리는 부흥회를 먼저 연상합니다만, 제가 말씀드리는 교회 속의 부흥이란 아주 깊은 의미에서 사람들의 심령이 하나님 앞에 깨어져 개인의 삶의 변화가 오고, 이 변화된 개인들이 그들이 살고 있는 사회와 그 마을에 충격을 던져 그 사회 전체가 도덕적으로 완전히 변하는 놀라운 부흥을 의미합니다. 이런 놀라운 부흥들이 교회의 역사 속에 몇 번 있었습니다.

그런데 이런 부흥이 일어날 때의 공통적인 특성 가운데 하나는 폭발할 듯한 열광적인 기도 모임입니다. 부흥이 일어날 때 기도회에는 사람들이 메어지도록 모였습니다. 왜냐하면 이런 기도회에서 하나님의 영광을 목격하게 되고 많은 주님의 능력을 체험하기 때문입니다.

그런데 왜 오늘날의 성도들은 더 이상 기도하지 않고 있을까요? 두 가지로 그 원인을 지적할 수 있습니다.

첫째, 기도에 대한 무지 때문입니다.

교회에는 나오지만 기도가 무엇인지 모르기 때문입니다.

둘째, 기도의 진정한 경험이 없기 때문입니다.

기도의 능력을 체험하지 못했기 때문입니다. 생각하기에, 그냥 하나님 앞에서 예배 시간에 중얼거리는 하나의 개인적인 독백 정도로 기도를 이해하는 사람들이 많습니다.

앤드류 머레이라는 하나님의 사람에게 어느 날 한 젊은이가 찾아와서 기도를 배우고 싶은데 좋은 비결이 없겠느냐고 물었습니다. 이에 앤드류 머레이가 이렇게 말했다고 합니다.

"있습니다. 기도를 배울 수 있는 가장 좋은 비결이 딱 하나 있는데, 그것은 기도하시는 것입니다."

이것은 대단한 진리입니다. 기도하지 않고 결코 배울 수 없는 것이 기도입니다. 기도에 대한 이론을 알고 있다든지 기도에 대한 어떤 책자를 읽었다든지 하는 사실이 나를 기도의 사람으로 만들지 않습니다. 기도하지 않고는 결코 기도를 배울 수 없습니다.

우리는 본문에서 믿음의 조상 아브라함을 통하여 이 기도의 비결을 배우고자 합니다. 그래서 기도의 사람으로 커 나가길 소망합니다. 여기에 기도의 태도가 있습니다. 그리고 기도의 형태도, 기도의 내용도 있습니다. 또 기도의 차원도 있습니다. 이 모든 것들을 차근차근 생각해 보기로 하십시다.

1. 기도의 태도

① 기도하지 않는 사람

기도를 하지 않는 사람의 두 가지 유형이 있습니다.

첫째로, 자신만만한 사람입니다.
'내 힘으로 무엇이든지 다 할 수 있다. 나는 얼마든지 내 지식과 능력으로 내 삶의 문제를 개척해 나갈 수 있다.'
이런 자신만만한 사람들이 기도하지 않습니다.

둘째로, 자신이 전혀 없는 사람입니다.
'나같은 인간이 기도한들 무슨 소용이 있을까?'

이 깊은 자기 열등감 속에서 헤매고 있는 사람들이 기도를 모릅니다. 기도하지 않습니다.

② 기도의 태도

『그리스도를 본받아』라는 책을 쓴 토마스 아 켐피스는 기도의 태도에는 두 가지가 있다고 말했습니다. 하나는 겸손이고, 또 하나는 용기입니다.
"겸손과 용기의 덕이 없이는 아무도 기도의 사람이 될 수 없다."
본문 27절에 보시면 아브라함이 하나님 앞에 기도하는 가운데 이렇게 고백하는 것이 나옵니다.
"아브라함이 말씀하여 가로되 **티끌과 같은 나**라도 **감히** 주께 고하나이다."
이것은 얼마나 겸손한 고백입니까? 그리고 용기있는 고백입니까?

첫째 / 겸손
이스라엘 백성들은 기도할 때 땅에 엎드리어 기도합니다. 이 태도는 "나는 티끌의 한 부분에 불과합니다"라는 고백을 자세로 나타낸 것이라고 합니다.
"나는 흙의 한 부분이고, 이 세상의 티끌의 한 부분입니다."
이것은 겸손입니다.

어떻게 인간이 겸손해질 수 있습니까?
자기 자신을 정확하게 볼 때 인간은 누구나 겸손해집니다. 참으로 있는 모습 그대로의 자신을 볼 때 인간은 겸손해지지 않을 수 없습니다. 그렇지 않을 때 인간이 교만해집니다. 자기가 뭐 대단한 존재인 것처럼, 대단히 지식이 많고 신령하고 놀라운 존재로 착각할 때 인간은 교만해지기 시작합니다. 그러나 하나님의 눈 앞에 비춰 본 나, 주님의 관점에서 바라본 나를 알 때 인간은 결코 교만할 수 없습니다.

"하나님, 나는 티끌에 불과합니다. 흙으로 돌아갈 수밖에 없는 존재
입니다."
이것이 아브라함의 고백입니다.

둘째 / 용기

"티끌과 같은 나라도 **감히** 주님 앞에 고합니다."
"감히."
이것은 용기입니다.
"하나님, 저는 저의 연약함과 무력함을 압니다. 제가 연약하고 무력
한 줄 알기에 전능하신 주님을 의지합니다. 하나님, 제가 무지한 존
재인 것을 압니다. 제가 무지하기 때문에 전지하신 하나님을 의지합
니다. 제가 티끌로 돌아갈 수밖에 없는 허무한 존재인 것을 압니다.
그렇기에 나의 생명의 근원되신 하나님을 의지합니다. 저는 부족합
니다. 그러나 하나님께서 저를 불쌍히 여기실 줄 믿고 제가 감히 주
님 앞에 섭니다."
이것은 신앙적인 용기입니다.

이 겸손과 용기의 덕이 있을 때 우리가 주님 앞에 엎드리어 기도할
수 있는 것입니다. 겸손과 용기의 태도가 우리에게 필요합니다.

2. 기도의 형태

기도에는 물론 여러 가지 형태가 있습니다. 그러나 본문에서 우리는
특별히 기도의 두 가지 형태를 발견할 수 있습니다. 하나는 교제이
며, 또 하나는 간구입니다.

① 간구와 더불어 교제의 중요성

기도라 할 때 우리가 흔히 인식하는 기도의 형태가 간구입니다. 내가

필요한 것을 하나님 앞에 주문해서 얻는 것을 기도라고 우리는 보통
생각합니다. 그래서 어떤 분은 이것이 기도의 전부라고 알고 계시기
도 합니다.
"기도란 그냥 구해서 얻는 것이야."
그러나 이렇게만 생각하는 사람들은 사실 기도의 가장 중요한 측면
에 대해서 무지한 것입니다. **기도의 가장 중요한 측면은 교제의 측면입
니다.**
　혹시 옛날에 사랑을 해 보신 일이 있으십니까?
사랑하고 있는 연인들의 모습을 보십시오. 이들이 무엇을 주고 받는
그런 순간도 있을 것입니다. 그러나 연인들의 만남은 무엇을 주고 받
는다는 그 사실 때문에만 만나는 것이 결코 아닙니다. 그들은 만나는
것이 그냥 좋기 때문에 만나는 것입니다. 그냥 같이 있고 싶은 것입
니다. 연인들의 인간 관계에서 가장 중요한 측면이 바로 이 교제의
측면입니다.

　D.L. 무디의 생애를 보면, 행복한 순간에 관하여 이런 회고가 하
나 남아 있습니다.
　어느 날 그가 서재에서 책을 보고 있는데, 다섯 살 된 그의 아들이
서재 문을 빠끔히 열더니 "아빠"하고 불렀습니다. 무얼 사달라나 싶
어서 그는 보고 있던 책에서 눈을 돌리고 물었습니다.
『그래, 아빠가 뭐 해줄까?』
이 어린 아들이 그러자 이렇게 대답했습니다.
"아빠, 아무것도 원하지 않아요. 아빠하고 같이 있고 싶어요."
이때처럼 자기를 행복하게 만든 순간이 없었다고 무디는 후에 회고
했습니다.

　그렇습니다. 기도는 단순한 거래가 아닙니다. 기도는 교제입니다.
그런데 오늘 저와 당신의 기도의 공간 속에 얼마나 이 교제의 측면이
살아있는지요?

기도하므로 하나님과 교제를 즐기고 계십니까?

예수님이 열두 제자들을 선택하신 이유가 당신은 무엇이라고 생각하십니까?

훈련시켜서 전도하러 보내시려고요?

예, 맞습니다. 그러나 그것이 전부는 아닙니다. 마가복음에 보시면 예수께서 열두 제자를 선택하신 이유에 대해서 이렇게 나와 있습니다.

"이에 열둘을 세우셨으니 이는 **자기와 함께 있게 하시고** 또 보내사 전도도 하며 귀신을 내어쫓는 권세도 있게 하려 하심이러라"(막 3:14,15).

예수님은 전도의 심부름꾼으로 만들기 위해서만 열두 제자를 택하신 것이 아닙니다. 그에 못지 않은 중요한 이유가 있습니다. 자기와 함께 있게 하시기 위해서였습니다. 주님은 제자들과 함께 있고 싶어하셨습니다. 함께 있으면서 주님의 마음을 배우고, 주님의 뜻을 알게 되고, 또 주님이 원하시는 이 세계를 향한 비전을 알게 하기를 원하셨습니다. 그리고 제자들은 주님과 함께 하면서 변해갔습니다.

가장 중요한 것은 함께 있는 것입니다. 왜 결혼하셨습니까?

남편이 혹은 아내가 나를 돕고 그래서 내가 편하게 살기 위해서입니까?

그것은 배필을 선택한 것이 아니라 일꾼을 고용한 것입니다. 삶의 반려자를 얻기 위해서, 인생의 길을 함께 걸어가는 친구를 얻기 위해서 우리가 결혼한 것이 아닙니까?

하나님이 우리에게 원하시는 관계도 단순히 우리가 그분께 무엇을 구하여 얻고, 얻은 다음에는 그냥 "안녕"하고 사라지는 그런 거래 관계가 아닙니다. 그분은 우리를 사랑하십니다. 함께 있고 싶어하십니다. 이 교제를 향한 부르심을 아십니까?

교제 없는 간구, 그것은 참으로 하나님이 바라시는 태도가 아닙니다. 내가 주님 앞에 있고 하나님과 같이 있다는 이 교제의 영광을 알지 못하고 드리는 간구는 하나님을 이용하는 행위에 불과할 수 있습니다. 이런 기도는 하나님을 기쁘시게 할 수 없습니다.

② 아브라함의 기도 형태

"그 사람들이 거기서 떠나 소돔으로 향하여 가고 아브라함은 여호와 앞에 그대로 섰더니"(창 18:22).
그는 하나님 앞에 그냥 서 있었습니다. 아마 앞뒤 상황으로 보아 한동안 서 있었던 것 같습니다.
그 다음에 보시면 "가까이 나아가"라는 말씀이 나옵니다.
"여호와 앞에 그대로 섰더니「가까이 나아가」가로되 …"(창 18:22,23).
그러면서 기도가 시작됩니다.
그런데 기도가 시작되자마자 "하나님 주십시오"라고 간구부터 한 것이 아닙니다. 그는 주님 앞에 얼마 동안 서 있었던 것입니다. 살아 계신 주님 앞에 머물러 서 있는 이 기쁨! 전능하신 하나님, 창조자 하나님, 내 구원자이신 놀라운 하나님 앞에 서서 그 하나님과 교제를 즐기는 이 기쁨을 당신은 알고 계십니까?

하나님 앞에 있는 것이 왜 이렇게 중요합니까?
같이 있으면 상대방을 알게 되기 때문입니다. 같이 있지 않고서는, 함께 시간을 보내지 않고서는 상대방을 제대로 알 수 없습니다. 주님과 함께 있으므로 해서 얻는 놀라운 축복 가운데 하나는 내가 주님 앞에 무엇을 구하여 얻을 수 있다는 사실입니다. 그러나 그보다 더 위대한 축복이 있습니다. 더 깊은 의미의 축복이 있습니다. 그것은 주님과 같이 있으므로 해서 내가 주님을 더 잘 알게 된다는 사실입니다.
주님을 아는 것, 하나님을 더 잘 아는 것, 이것은 그리스도인의 생(生)의 가장 거룩한 목표 중의 하나입니다. 나의 창조자 하나님, 나의 구속자 하나님, 내 사랑의 하나님을 더 깊이 알게 되는 것, 이런 목표가 당신에게 있습니까?

고라 자손의 아름다운 시 한 편을 같이 묵상하고 싶습니다. "하나님은 나의 피난처이십니다"라는 아주 유명한 고백이 기록되어 있는 시편입니다.
"하나님은 우리의 피난처시요 힘이시니 환난 중에 만날 큰 도움이시라…이방이 훤화하며 왕국이 동하였더니 저가 소리를 발하시매 땅이 녹았도다 만군의 여호와께서 우리와 함께하시니 야곱의 하나님은 우리의 피난처시로다 와서 여호와의 행적을 볼지어다 땅을 황무케 하셨도다 저가 땅 끝까지 전쟁을 쉬게 하심이여 활을 꺾고 창을 끊으며 수레를 불사르시는도다"(시 46:1 ~ 9).
하나님을 알지 못하는 사람들이 떠들고 아우성을 칩니다. 시끄럽습니다. 소란스럽습니다. 이것이 우리를 둘러싸고 있는 세상입니다.

그 다음 10 절을 보십시오.
"이르시기를 너희는 가만히 있어 내가 하나님 됨을 알지어다."
이 시끄럽고 분요하고 아우성치는 세상의 한복판에 서 있는 주(主)의 백성들을 향해서 주께서 말씀하십니다.
"너희는 가만히 있으라. 그리고 내가 하나님 됨을 알라."
시끄럽고 분요한 세상 한복판에서 조용한 가운데 하나님과 교제하는 이 교제의 영광이여!

계속되는 말씀을 보십시오.
"내가 열방과 세계 중에서 높임을 받으리라 하시도다 만군의 여호와께서 우리와 함께하시니 야곱의 하나님은 우리의 피난처시로다"(시 46:10,11).
이 교제가 있는 놀라운 기도를 배우시게 되기를 바랍니다.

3. 기도의 내용

기도란 무엇을 가지고 해야 하는 것인지요?
언제나 그리스도인의 기도는 두 가지의 내용을 가집니다. 하나는 하나님을 위한 기도이며, 하나는 인간을 위한 기도입니다. 이 말이 어렵습니까?
기도의 내용에는 인간을 위한 기도만 있는 것이 아닙니다. 하나님을 위한 기도도 있습니다.

① 주기도문의 내용

주님께서 우리에게 가르쳐 주신 주기도문은 이 두 가지의 내용을 모두 가지고 있습니다.
　다음은 주기도문의 전반부의 내용입니다.
"하늘에 계신 우리 아버지여 이름이 거룩히 여김을 받으시오며 나라이 임하옵시며 뜻이 하늘에서 이룬 것같이 땅에서도 이루어지이다"
(마 6:9,10).
하나님의 이름을 위하여, 하나님의 나라를 위하여, 하나님의 뜻과 영광을 위해서 기도합니다. 이렇게 하나님을 위한 기도의 내용이 있습니다.

　그 다음에 주기도문이 어떻게 연결됩니까?
"오늘날 우리에게 일용할 양식을 주옵시고 우리가 우리에게 죄 지은 자를 사하여 준 것같이 우리 죄를 사하여 주옵시고 우리를 시험에 들게 하지 마옵시고 다만 악에서 구하옵소서"(마 6:11 ~ 13).
비로소 우리의 필요를 위한 기도가 시작됩니다.
　기도는 언제나 이 두 가지의 내용을 가집니다. 그런데 오늘 저와 당신의 기도 가운데 얼마 만큼 하나님을 위한 기도의 내용이 살아 있습니까?

② 아브라함의 기도 내용

본문을 잘 살펴 보면 아브라함이 단순히 소돔 성의 구출을 위해서만 기도하고 있는 것이 아니라는 사실을 발견할 수 있습니다.

"주께서 이같이 하사 의인을 악인과 함께 죽이심은 불가하오며 의인과 악인을 균등히 하심도 불가하니이다 세상을 심판하시는 이가 공의를 행하실 것이 아니니이까"(창 18:25).

"하나님, 이 소돔 성이 범죄가 많은 것은 저도 잘 압니다. 부도덕해진 것도 잘 압니다. 그러나 하나님, 그렇다고 해서 이 소돔 성을 다 불살라버리시면 선한 사람도 같이 죽지 않겠습니까? 그렇게 되면 하나님의 공의로우심은 어떻게 됩니까? 하나님이 정말 공의의 하나님이시라고 말할 수 있을까요? 하나님의 의(義)를 의해서라도 이 소돔 성을 긍휼히 여겨 주십시오."

이것은 단순히 소돔 성을 위한 기도가 아닙니다. 이것은 하나님을 위한 기도입니다.

물론 동시에 소돔 성의 사람들을 위한 기도이기도 했습니다. 그러나 인간을 위한 기도이면서도 아브라함은 지금 자기를 위한 기도가 아니라 다른 사람을 위한 기도를 합니다. 하나님을 위해서 먼저 기도하고, 그 다음에 인간의 필요를 위해서 기도하면서도 자기를 위한 기도를 하고 있는 것이 아니라 남을 위한 기도를 하고 있는 아브라함의 모습을 주목하십시오.

오늘 우리의 기도 생활 중에는 참으로 남을 위한 기도의 분량이 얼만큼 되는지 궁금합니다.

기도의 성자(聖者)라고 불리우는 죠지 뮬러가 한번은 이런 말을 했습니다.

"사람이 정말 기도하면 변한다. 반드시 변한다. 기도는 상황을 변화시키기도 하지만 그 기도를 하는 사람을 변화시킨다."

기도는 놀랍게 인간을 변화시키는 힘이 있습니다. 상황이 변합니다.
환경이 변합니다. **그러나 이보다 더 놀라운 사실은 기도하는 사람이 변
한다는 것입니다.**
뮬러의 계속되는 이야기를 들어 보십시오.
"어떤 사람이 기도하고 있는데도 변하지 않는다면, 그는 잘못 기도하
고 있기 때문입니다."

　성경은 우리의 기도 생활에 있어서 하나님의 나라를 위한, 주님의
영광을 위한 기도를 가르쳤습니다. 또 이웃들을 위한 기도도 가르쳤
습니다. 내가 아닌 다른 사람을 위해서 하는 기도를 "중보기도"라고
부릅니다. **중보기도를 한다는 것은 내 이기심을 극복하는 것을 말합니
다.**
　그런데 우리는 어떻게 기도합니까?
눈만 감으면 이렇게 기도하지는 않는지요?
"하나님, 내 자식들을 도와주십시오."
기도를 하긴 하는데 "자기"라는 울타리를 도무지 뛰어넘지 못하는 사
람들이 있습니다. 나와는 전혀 상관이 없는 아프리카 대륙의 어떤 이
웃을 위해서 기도해 보셨습니까? 중동의 한 모슬렘 교도가 영광의
하나님을 알도록 기도해 보셨습니까? 남미 정글의 원주민이 주님을
알게 되도록 기도해 보셨습니까?

　생각해 보십시오. 도대체 얼굴 한 번 보지 못한 어떤 사람들을 하
나님이 창조하신 내 형제로 알아 그들을 위해서 기도할 수 있다는 것
은 내 인생의 시야가 얼마나 넓어진 것입니까?
그리고 기도하는 시간마다 내 주변의 이웃들을 위해서 기도합니다.
심지어 나를 헐뜯고 내게 상처를 입힌 이웃들을 위해서도 기도합니
다. 이런 기도는 인간의 이기심을 뛰어넘어 내 관심이 어디에 있는가
를 가장 잘 보여 주는 사건이 아닌지요?
그런 기도를 하면 변합니다.

우리가 우리의 필요를 위해서 기도하지 말라는 이야기가 아닙니다. 물론 그것도 해야 합니다. 그러나 기도의 더 놀라운 측면은 하나님의 나라를 위하여, 그리고 내 사랑하는 이웃들을 위하여 기도할 수 있다는 것입니다. 이런 기도는 반드시 우리를 변화시킵니다.

"왜 기도함에도 불구하고 변하지 않습니까?"

그것은 잘못 기도하기 때문입니다.

"구하여도 받지 못함은 정욕으로 쓰려고 잘못 구함이니라"(약 4:3).

기도하십니까?

바르게 기도하십니까?

기도 내용을 아십니까?

참으로 기도한다는 것은 관심입니다. 그리스도인으로서 우리가 어떤 사람을 참으로 사랑한다면 기도해야 합니다. 기도가 없다면 우리의 이웃을 향한 관심이나 사랑은 말짱 거짓말입니다. 내가 누군가를 향해서 참으로 관심을 가지고 있다면 그를 위해서 엎드려 기도할 수밖에 없습니다.

기도는 우리의 관심입니다. 우리의 사랑입니다. 기도를 통해서 우리는 이기심을 뛰어넘어 사랑을 실천하며 형제를 향한 진정한 우리의 관심의 영역을 넓혀갑니다. 우리의 삶의 수평선이 넓어지며, 이 전세계를 끌어안고 이웃을 끌어안는 이 위대한 성숙을 기도를 통해서 발견하시기 바랍니다.

4. 기도의 차원

기도에 두 가지의 차원이 있습니다. 내가 하나님 앞에 말하는 차원이 있고, 내가 하나님의 음성을 듣는 차원이 있습니다. "내가 하나님 앞에 말한다"는 이 사실은 많이 인식되어 있지만, "하나님이 내게 말씀하신다"는 사실은 얼마나 알고 계십니까?

당신은 기도를 통해서 얼마 만큼 주님의 음성을 들으셨습니까?

본문에 보시면 아브라함이 하나님 앞에 말하는 장면만 있는 것이 아니라 하나님이 아브라함에게 말씀하시는 장면도 있습니다.

"여호와께서 아브라함과 말씀을 마치시고 즉시 가시니 아브라함도 자기 곳으로 돌아갔더라"(창 18:33).

누가 누구에게 말씀했습니까?

하나님이 아브라함과 말씀을 마치셨다고 기록합니다. 우리 같으면 어떻게 써야 합니까?

"내가 하나님과 기도를 끝마쳤다."

그러나 본문은 그런 것이 아닙니다.

"하나님이 내게 말씀하시는 일을 끝마쳤다."

기도가 끝났을 때 그렇게 일어날 수 있어야 합니다. 기도의 응답을 받은 이 감격과 감사를 가지고 일어날 수 있습니까?

어떤 분이 질문합니다.

"아니 하나님이 어떻게 나에게 말씀하십니까?"

구약 시대에 주님께서는 초자연적인 방법으로 말씀하셨습니다. 물론 지금도 그렇게 말씀하실 수 있습니다. 그러나 많은 경우 하나님은 하나님의 음성을 똑바로 들려 주기 위해서 우리에게 선물을 주셨습니다. 바로 성경입니다. 성경을 펼쳐서 읽을 때, 그 말씀을 통해서 조용히 내게 말씀하시는 주의 음성을 들을 수 있습니다.

'아, 이것이 하나님이 원하시는 것이로구나!'

성경을 읽다가 주님의 음성 앞에 감동해 보셨습니까?

아니 때때로 주님은 이 성경 없이도 내게 말씀하시기도 합니다. 내 마음 속의 깊은 직관을 통해서 말씀하십니다.

'아, 이렇게 해야지.'

이것은 응답입니다. 주께서 내게 말씀하셨습니다.

나는 내 기도의 마무리 장면에서 하나님이 내게 말씀하신 것을 확신합니다. 그리고 일어섭니다. 이제 나는 앞으로 갈 수가 있습니다. 우리의 기도에 하나님이 내게 말씀하시는 이 차원이 얼마 만큼 나타나고 있는지요?

5. 기도의 결과

소돔과 고모라를 위한 아브라함의 기도는 어떤 결과를 가져왔습니까? 소돔 성이 다 구출을 받았습니까?
아닙니다. 소돔 성은 여전히 멸망했습니다. 그러면 아브라함의 기도가 실패한 것입니까?

저는 늘 이 본문을 읽을 때마다 아브라함이 왜 오십 명, 사십 명 하다가 열 명까지 왔을 때 더 숫자를 내리지 않았을까가 의문입니다.
"하나님, 다섯 명의 의인만 찾아도 이 성을 봐 주시겠습니까?"
저는 하나님이 그때도 멸하지 않겠다고 대답하실 가능성이 있다고 봅니다. 왜 아브라함이 거기까지 안했는지 모르지만, 그러나 그렇다고 해서 아브라함의 기도가 실패했다고 결론지을 수 있습니까?
아닙니다. 그의 기도는 어떤 결과를 가져왔습니까?
"하나님이 들의 성들을 멸하실 때 곧 롯의 거하는 성을 엎으실 때에 아브라함을 생각하사 롯을 그 엎으시는 중에서 내어 보내셨더라"(창 19:29).
하나님은 하나님의 의로우심 때문에 더 이상 이 부도덕한 도성을 방관할 수 없으셨습니다. 그래서 그 의로우심이 유황불의 심판을 이 도성에 내리게 만들었습니다.

그러나 다 멸망시킨 것은 아닙니다. 롯의 가족들이 구원받습니다.
누구 때문입니까?
성경은 말합니다.
"하나님이 아브라함을 생각하사."
이 아브라함의 중보기도 때문에 롯이 구원을 받습니다. 오늘 나의 중보기도 때문에 하나님을 발견한 이웃들이 있습니까? 내 중보기도 때문에 삶의 광명을 되찾아 다시 일어난 형제들이 있습니까?

이 말씀 앞에서 중보기도의 영광과 놀라운 특권을 배울 수 있기를 바랍니다.

저는 주님이 걸어가신 길 가운데서 가장 놀라왔던 것은 십자가보다도 십자가를 지시기 전날 밤의 겟세마네 동산에서의 사건이라고 생각합니다. 십자가를 지시는 그 사건도 커다란 고통이었을 것입니다. 그러나 인간은 고통 직전에 더 긴장하게 됩니다.

그분은 아십니다. 날이 밝으면 그분이 지셔야 하는 십자가의 고통의 깊이를, 그 처절함을 아십니다. 그 모든 것을 바라보시며 겟세마네 동산에서 엎드리어 땀방울이 변하여 핏방울이 되기까지 기도하셨던 이 주님의 모습을 성경에서 보십니까?

그분은 무엇을 위해서 기도하십니까?
물론 자신을 위해서도 기도하셨습니다.
"내 아버지여 만일 할 만하시거든 이 잔을 내게서 지나가게 하옵소서."
그러나 만약 그분이 이 고난의 잔을 거절하시면 어떻게 됩니까?
십자가가 없을 때에 구원의 희망이 없는 인류, 구원의 소망이 없었을 당신과 나를 생각하십니다. 그리고 마침내 우리를 위하여 이 십자가를 지기로 결정하시면서 기도하십니다.
"그러나 나의 원대로 마옵시고 아버지의 원대로 하옵소서"(마 26:39).
그리고는 우리를 위해서 기도하십니다. 그 주님의 기도 때문에 우리가 살았습니다. 그 십자가 때문에 우리가 새로운 생명을 얻었습니다. 우리가 하나님의 자녀가 되었습니다. 주의 놀라운 사랑을 알았습니다.

그렇다면 저와 당신은 이 주님의 기도에 빚지고 있는 사람들이 아닙니까?
다만 한 주간만이라도 주께서 걸어가신 십자가의 길을 걸으며 주변에 이 주님을 알아야 할, 십자가 보혈의 권세와 이 구원의 놀라운 능력을 알아야 할 이웃들을 위해서 엎드리어 기도하는 시간을 가질 수 있다면, 그 주간은 인생의 페이지 속에서 변화를 체험한 위대한 이정표의 시간으로 기록될 것입니다.

"주여, 이 한 주간 기도하게 하시고, 이 기도를 통하여 내 삶이 변하고 이웃들이 변하는 영광을 맛보게 하여 주옵소서."

마땅히 이 기도가 우리의 기도가 될 수 있기를 바랍니다.

10
죄와 은혜

"아비멜렉이 그 아침에 일찍이 일어나 모든 신복을 불러 그
일을 다 말하여 들리매 그 사람들이 심히 두려워하였더라 아
비멜렉이 아브라함을 불러서 그에게 이르되 네가 어찌하여
우리에게 이리 하느냐 내가 무슨 죄를 네게 범하였관대 네가
나와 내 나라로 큰 죄에 빠질 뻔하게 하였느냐 네가 합당치
않은 일을 내게 행하였도다 하고"(창 20 : 8, 9).

10

희망의 법칙

기독교는 인간의 도덕적 변화에 대하여 낙관적인가 비관적인가, 인간이 도덕적으로 거룩한 삶을 추구할 수 있다는 것이 정말 가능한 일인가, 우리의 삶은 정말 변할 수 있는 것일까 등의 물음들에 관한 당신의 생각은 어떠하십니까?

본문에는 아브라함이 전날에 범했던 죄와 똑같은 형태의 범죄를 아주 정확하게 재현하는 모습이 기록되고 있습니다. 장소만 달라졌을 뿐입니다. 전에는 애굽 땅에서였고, 지금은 애굽과 가나안 땅의 변경지대인, 소위 블레셋 사람들이 살고 있던 지역 중의 하나인 『그랄』이라는 장소에서입니다. 창세기 12장에서 아브라함은 아내 사라에게 자기의 신변을 보존하기 위해서는 애굽 사람들에게 자기 아내라 하지 말고 누이라고 말해야 한다고 거짓말을 강요했습니다. 본문에는 이와 똑같은 범죄가 장소만 달리할 뿐 그대로 재현됩니다.

여기에서 우리는 인간의 죄악의 그 깊음을 고발하는 성경의 멧세지를 만납니다. 동시에 우리를 향하신 하나님의 은총의 깊이, 그 은혜의 깊음을 또한 만납니다.

1. 인간 죄성의 깊이

한 청교도는 그리스도인에게는 두 번의 놀라움의 순간이 있다고 이야기했습니다. 한 번 놀라는 놀라움의 순간은 처음 예수를 믿고나서 나의 그 모든 죄를 값없이 용서하시는 하나님의 은혜로 해서 온다고 했습니다. 우리의 진홍같이 붉은 죄를 눈과 같이, 양털처럼 희게 하시는 하나님의 은혜, 우리를 용서하시고 의롭다고 해 주시고 자녀로 삼아주신 이 놀라운 주님의 은혜 앞에 우리는 깜짝 놀랍니다. 그리고 그 은혜 앞에 우리는 감격합니다. 이것이 그리스도인의 한 번의 커다란 놀라움입니다.

그러나 또 한 번 놀라는 놀라움의 순간은 우리가 구원받은 이후에 어느 날 우리 자신을 돌이켜 보면서 내가 구원받고 용서받은 하나님의 자녀임에도 불구하고 내 속에 아직도 버티고 있는 이 끈끈하고 끈질긴 죄성(罪性)을 발견하는 그 순간에 옵니다. 아직도 변화되지 못하고 있는, 이 더러움의 현장에 그대로 머물러 살고 있는 자신의 모습을 보고 우리는 이 죄악의 깊이 앞에 한 번 더 놀랍니다. 여기 인간이 가진 죄성의 깊음이 있습니다. 우리가 가진 죄의 문제라는 것은 우리가 생각하는 이상으로 더 심각한 깊음일 수 있습니다.

먼저 우리는 본문에서 이 아브라함의 예를 통한 죄악의 깊이를 생각합니다. 부름받은 믿음의 조상, 당연히 우리의 믿음의 모델(model)이 되어야 할 아브라함의 생애 속에 있었던 이 치사하고도 어두운 범죄를 조금의 덮음의 의도도 없이 적나라하게 우리 앞에 제시하시는 이 하나님의 이유는 도대체 어디에 있습니까?
장소만 달라진 실패. 이번에는 애굽에서의 실패가 아니라 그랄이라는 곳에서의 실패의 사건입니다.
그는 믿음의 조상입니다. 선택된 사람입니다. 오늘의 언어로 말하자면 그리스도인 중의 그리스도인이요, 하나님의 사람 중의 하나님의 사람이라고 말할 수 있는 사람입니다. 그러나 그럼에도 불구하고 아직도 그 죄악의 끈질긴 행습에서 쉽게 해방되지 못하고 전전긍긍하고 있는 이 아브라함의 모습을 주목해 보십시오. 여기에서 우리는 인간의 마음 깊은 곳에, 삶의 깊은 곳에 뿌리박고 있는 죄성을 대면하게 됩니다.

이것은 구약성경에 나타난 예레미야 선지자의 체험과 어쩌면 그렇게 동질의 체험인지요?
예레미야는 인간의 그 변화되지 못하는 안타까운 모습을 이렇게 증언합니다.
"구스인이 그 피부를, 표범이 그 반점을 변할 수 있느뇨 할 수 있을진대 악에 익숙한 너희도 선을 행할 수 있느리라"(렘 13:23).
무슨 뜻입니까?

혹인의 그 피부가 변한다면, 표범의 그 반점이 변한다면 악에 익숙한 인간도 선을 행할 수 있다는 말입니다. 이 끈질긴 인간의 죄성, 이 놀라운 사실을 우리는 이 말씀 앞에서 대면합니다.

예레미야는 다시 이렇게 탄식합니다.

"만물보다 거짓되고 심히 부패한 것은 마음이라 누가 능히 이를 알리요마는"(렘 17:9).

이 세상의 모든 만물보다도 심히 부패하고 거짓된 것은 사람의 마음이라는 이 말씀은 얼마나 진실입니까?

① 아브라함의 죄악

우리는 본문에서 아브라함의 죄악의 깊이를 두 가지의 측면에서 발견합니다.

첫째로, 아브라함의 죄는 반복적이었습니다.

죄는 아직도 그를 떠나지 않은 것입니다. 그가 부름받은 사람인 것이 사실입니다. 이제 하나님을 삶의 중심에 두고 새로운 인생의 행진을 시작한 것도 사실입니다. 이 사실을 부인하지 마십시오. 그럼에도 불구하고 그가 과거에 범하고 있었던 죄악의 행습에서 아직도 온전히 해방되지 못하고 있다는 것 또한 사실입니다.

개혁자 마르틴 루터의 표현을 빌리면 이렇습니다.

"우리는 의인이지만 동시에 아직도 죄인이다."

아직도 그의 죄의 문제는 해결되지 못하고 있었던 것입니다.

사실 이 범죄는 애굽 땅에서의 범죄 이후 30 년이 지나간 이후에 저지른 범죄입니다. 30 년 동안 변하지 않았다는 이야기입니다. 나이를 먹어가지만, 철이 들어가지만, 머리에 흰 머리가 생기기 시작하지만 여전히 죄를 범하고 실패하고 추한 모습을 드러내는 이 비극적인 인간상을 보십시오. 조금도 변화되지 않은 채 나는 인생의 석양을 향해서 걷고 있습니다. 젊은 날의 나와 지금의 나. 아직도 변하지 않은 이 끈질긴 인간의 죄성이여 !

아브라함의 죄악의 깊이는 그것이 반복적이었다는 데서 드러납니다.

둘째로, 아브라함의 죄는 계획적이었습니다.

이것이 창세기 12 장에서는 드러나지 않았는데 이 20 장에서는 드러나고 있습니다. 본문에 나와 있는 아브라함의 자백을 보십시오.

"하나님이 나로 내 아비 집을 떠나 두루 다니게 하실 때에 내가 아내에게 말하기를 이후로 우리의 가는 곳마다 그대는 나를 그대의 오라비라 하라 이것이 그대가 내게 베풀 은혜라 하였었노라"(창 20:13).

언제부터 이 죄가 시작된 것입니까?

갈대아 우르를 떠날 때부터 아브라함이 자기 아내에게 그렇게 종용한 것입니다. 이것은 계획적인 범죄인 것입니다.

우리가 많은 경우에 우발적인 실수를 범하는 것은 사실입니다. 어쩔 수 없는 상황 속에서 할 수 없이 우리가 의도하지 않은 죄와 실수를 범하는 것은 사실입니다. 그러나 많은 경우 저와 당신은 의도적으로, 계획적으로 범죄하는 수가 있습니다. 우리는 죄를 짓기를 결심하고 죄를 짓는 것입니다.

여기 인간의 악이 있습니다. 머리 끝부터 발바닥까지 성한 곳이 없는 인간의 철저한 부패성이 있습니다. 칼빈의 표현을 빌면 "전적으로 부패한 인간"입니다.

"오호라 나는 곤고한 사람이로다 이 사망의 몸에서 누가 나를 건져내랴"(롬 7:24).

② 죄악의 결과

결과적으로 아브라함은 불신자였던 아비멜렉이라는 사람에게 설교를 들어야 하는 입장에 서게 됩니다. 신자가 불신자에게 말씀을 선포하고 삶의 길을 제시하는 것이 아니라 오히려 불신자인 아비멜렉에게 아브라함이 설교를 듣고 있는 장면이 본문에 기록되어 있습니다. 세상

의 구경거리, 세상의 조롱의 대상이 되고 있는 그리스도인의 모습을
보십시오.
　때때로 죄악의 유혹을 극복하지 못하고 실수를 그대로 노출하는
가운데서 그리스도인은 세상의 조롱거리로 등장합니다.
"저 친구 좀 보게."
이 무슨 수치입니까?
이 얼마나 창피입니까?

　그러나 한편, 우리 중 누가 아브라함을 향해서 돌을 던질 수 있습
니까?
똑같은 행습을 아직도 되풀이하고 있는 나, 과거의 실수를 오늘도 반
복하고 있는 나, 과거의 죄성을 여전히 간직하며 어두운 길을 걷고
있는 이 모습에 직면한다면 누가 돌을 들어 이 아브라함을 향해서 던
질 수 있겠습니까?
여기 인간의 심연과 같은 죄성의 깊음이 있습니다.

2. 하나님 은혜의 깊이

그러나 본문은 동시에 하나님의 은혜의 깊이를 보여 주고 있습니다.
이 사건의 결말이 비극입니까, 희극입니까?
비극은 아닙니다. 여기에 좋은 소식이 있습니다. 복음이 있습니다.
죄인 아브라함에게 베푸신 하나님의 은혜를 이제 주목해 보십시오.
　본문에는 아브라함의 반복되는 범죄에도 불구하고, 쉽게 변화되지
않는 고질적인 이 삶의 어두운 모습에도 불구하고 그에게 기대를 걸
고 은혜를 베푸시는 하나님의 모습이 나타나 있습니다. 어떻게 나타
났습니까?
아브라함의 환경 속에 하나님이 간섭하시는 주목할 만한 하나님의
처리를 지켜보십시오.

첫째로, 회개하게 하십니다.

"하나님이 나로 내 아비 집을 떠나 두루 다니게 하실 때에 내가 아내에게 말하기를 이후로 우리의 가는 곳마다 그대는 나를 그대의 오라비라 하라 이것이 그대가 내게 베풀 은혜라 하였었노라"(창 20:13).
이것은 일종의 고백입니다. 내가 그 때부터 이 범죄를 하기 시작했었다는 고백입니다. 더 정확하게 말한다면, 하나님이 아브라함으로 하여금 이렇게 고백하게 하셨다고 할 수 있습니다. 아브라함은 참으로 오래간만에 자기의 그 죄가 시작된 근원을 추적하고 있는 것입니다.
'언제 어떻게 나에게 이 실수가 시작되었는가? 내 삶의 장에서 이 죄악의 쓴 뿌리가 언제 어떤 모습으로 시작되었는가?'
하나님이 그로 하여금 이 자백을 할 수 있도록 도우신 것입니다.

둘째로, 사라를 보호하십니다.

본문에서 아브라함의 아내인 사라에게 하나님이 베푸시는 긍휼을 보십시오. 아비멜렉이라는 사람의 부인으로 이 아브라함의 아내가 변신할 뻔한 그런 위기가 있었습니다. 그런데 하나님이 이 아브라함의 아내를 보호하십니다.
사실 이 사건이 진행되는 가운데서 제일 무고한 희생자는 사라입니다. 그래서 하나님이 사라를 보호하시기 위하여 아비멜렉에게 나타나셔서 경고하십니다. 여기 하나님의 자상한 선처의 손길을 주목해서 보십시오.

셋째로, 포기하지 않는 사랑을 보이십니다.

우리가 또 하나 주목할 것은 하나님이 이 아브라함의 더러운 모습에도 불구하고 그에게 벼락을 내리지 않으셨다는 사실입니다. 이것은 다시 말하면 아직도 아브라함을 하나님이 포기하지 않으셨다는 의미입니다. 하나님의 끈질긴 사랑, 이 포기하지 않는 사랑을 보십시오. 제가 만약 하나님이라면 벌써 벼락을 내려서 끝장을 냈을 것입니다. 그러나 우리 하나님은 참으십니다.

아비멜렉에게 하나님이 하신 말씀 중에 이런 말씀이 있습니다.
"이제 그 사람의 아내를 돌려보내라 그는 선지자라"(창 20:7).
저라면 이렇게 말했을 것입니다.
"네가 무슨 선지자 자격이 있느냐? 무슨 집사 자격이 있느냐?"
그 관계를 단절할 수도 있었던 상황 속에서 하나님은 아직도 이렇게
말씀하시는 것입니다.
"그는 선지자야."
자식을 욕하고 있는 사람들 앞에서 "그는 내 사랑하는 아들이요"라고
자식을 변호하는 부모의 심정처럼 하나님은 아브라함에게 말씀하시
는 것입니다. "나는 아직도 기대한다."
세상이 돌을 들어 내 딸과 내 아들에게 던지고 있을 망정 나는 아직
도 내 자녀의 장래를 기대하고 있다는 부모의 기대와 같은 하나님의
기대입니다. 역사는 끝나지 않았습니다. 하나님은 아직도 나에게 기
대를 걸고 계십니다.

3. 죄악으로부터 돌아선 아브라함

우리가 본문에서 특별히 주목할 만한 사실은 아브라함의 실수가 이
것으로 마지막이었다는 사실입니다. 한 번은 되풀이했습니다. 그러
나 마냥 되풀이한 것은 아닙니다. 이것이 마지막이었습니다.
죄를 끊음이 쉽지 않다는 사실을 우리는 솔직이 고백할 수밖에 없
습니다. 나쁜 행실이나 습관 하나 고치는 것이 결코 쉬운 과제는 아
니라는 사실을 우리는 고백합니다. 아브라함의 반복된 범죄가 이것
을 증명합니다. 그러나 죄를 극복한다는 것이 결코 절망적인 과제는
아니라는 교훈을 우리는 이 본문 앞에서 접하는 것입니다.

우리가 범죄할 때, 우리가 실수할 때 사단의 가장 무서운 참소가
무엇인 줄 아십니까?
"너는 이 습관을 끊지 못해. 결코 이 습관을 멈추지 못할 것이야. 너

는 이 죄를 정복하지 못해."
이렇게 사단은 우리를 참소합니다. 『마귀』라는 단어의 뜻이 "참소자"
입니다. 이 사단의 참소 앞에 우리는 내 인생의 변화에 대한 절망을
선언합니다.
"할 수 없어. 이렇게 사는 것이지."
이것이 제일 위험한 측면입니다. 물론 변화가 쉽지는 않습니다. 성경
도 쉽지 않다고 말합니다. 그러나 불가능은 아니었습니다. 아브라함
이 보여준 것이 그것입니다. 그는 마침내 죄를 극복했습니다.
  아브라함은 같은 죄로 다시는 돌아가지 않습니다. 어떻게 가능했
습니까 ?

첫째로, 자기의 죄에 대해 정직하게 대면했습니다.

아브라함은 자기의 죄 문제에 대해 피하고 감추지 않았습니다. 자기
의 삶의 모습, 연약한 그 모습 앞에 그는 어느 날 가장 정직한 대면을
하기로 결심한 것입니다. 그것은 아브라함으로 하여금 이 성찰을 가
능하게 만들었습니다.
'이 죄가 어디에서부터 시작되었는가 ?'
그래서 언제 어디서 어떻게 이 죄가 시작되었는가를 아브라함은 고
백합니다.
  정직한 대면 !
당신은 언제 자신의 삶의 모습 앞에 가장 정직하게 대면해 보셨습니
까 ?
이 자기 성찰에 관하여 시편 기자는 이렇게 고백합니다.
"여호와여 나를 살피시고 시험하사 내 뜻과 내 마음을 단련하소서"
(시 26:2).
정직한 자기 성찰의 시간을 아브라함은 가졌습니다.

둘째로, 기도하기 시작했습니다.

기도한다는 말은 하나님을 의지하고 있다는 이야기입니다. 혼자의

힘으로도 인생을 사는 것이 얼마든지 가능하다고 생각하고 있는 한 우리는 기도의 필요성을 느끼지 않습니다. 왜 기도합니까? 왜 하나님 아버지를 부르고 있습니까?

기도를 한다는 것은 그분의 도우심을 필요로 하고 있다는 것입니다. 그분을 의지합니다. 그분을 신뢰합니다. 기도는 "하나님, 나를 도와 주십시오"라는 우리의 고백입니다.

본문 17절에 보시면 아브라함의 기도가 이 사건 직후에 기록되고 있습니다.

"아브라함이 하나님께 기도하매⋯."

이 두 가지의 사건이 아브라함의 삶을 결정적으로 바꾸는 동기를 형성했을 것이라고 생각됩니다. 최근에 당신은 얼마나 자신의 삶 앞에 정직한 대면을 해 보셨는지요?

그리고 이 문제를 위해서 참으로 기도해 보셨는지요?

하나님이 마침내 이 아브라함에게 은혜를 주십니다. 죄를 극복하고 다시는 그 죄로 돌아가지 않는 사람이 되어 아브라함은 이제 새로운 인생의 행진을 시작합니다. 본문의 사건은 분명히 큰 죄악이었습니다. 그러나 이 큰 죄의 현장 속에 하나님의 큰 은혜가 있었습니다. 바울의 이런 말씀이 생각납니다.

"죄가 더한 곳에 은혜가 더욱 넘쳤나니"(롬 5:20).

이 큰 범죄의 현장에 하나님의 큰 은혜가 동시에 나타났습니다. 아직도 아브라함의 삶 속에 기대를 걸고 계시는 하나님이 이 사건에 간섭하시고 은혜를 주신 것입니다.

아브라함은 새로운 사람이 되어 일어나 새로운 내일을 향해서 출발합니다. 그의 범죄는 용서되었습니다. 용서받을 수 없는 범죄란 없습니다. 변화시킬 수 없는 행실이란 없습니다. 물론 어렵습니다. 그러나 가능합니다. 이것이 본문의 낙관이요 복음인 것입니다.

4. 남겨진 죄악의 흔적

그러나 한 가지는 꼭 첨부하고 지나가야 하겠습니다. 아브라함의 죄
는 용서되었지만 그러나 아브라함이 이 범죄를 안한 것 만큼은 못합
니다. 죄는 반드시 용서되지만 죄의 영향과 상처는 남습니다. 용서받
을 수 없는 범죄란 없습니다. 그러나 그럼에도 불구하고 죄악의 영향
과 상처는 그 이후에도 우리를 괴롭힐 수가 있습니다. 이것이 본문에
서 보는 또 하나의 교훈 가운데 하나입니다.

아브라함은 이 죄를 더 이상 범하지 않습니다. 그러나 우리는 이
한 가지를 꼭 보아야만 하겠습니다. 창세기 26 장 6 절 이하입니다.
"이삭이 그랄에 거하였더니 그곳 사람들이 그 아내를 물으매 그가 말
하기를 그는 나의 누이라 하였으니 리브가는 보기에 아리따우므로
그곳 백성이 리브가로 인하여 자기를 죽일까 하여 그는 나의 아내라
하기를 두려워함이었더라"(창 26:6,7).
여기의 그랄은 본문인 창세기 20 장의 장소와 같은 장소입니다. 똑
같은 장소에서 똑같은 범죄를 이번엔 아들이 합니다. 아브라함은 그
죄로 돌아가지 않았습니다. 두 번에서 끝냈습니다. **그러나 그 동안에
이 아버지의 모습을 지켜보았던 아들이 어느 날 똑같은 행동을 합니다.**
여기서 단편적이나마 부모가 된다는 것이 얼마나 어려운 책임인가를
실감합니다.

누군가가 우리의 삶을 주목하고 있습니다. 내 삶은 영향을 창조합
니다. 좋은 행동이든 나쁜 행동이든 그것은 결과를 남깁니다. 어떤
죄든 용서받을 수 없는 죄는 없습니다. 그러나 죄의 상처는 남습니
다. 영향은 남습니다. 오늘 당신은 어떻게 사십니까?
어떤 죄도 용서받을 수 있습니다. 그러나 죄는 안 범하는 것이 좋
습니다. 끊을 수 없다고요?
압니다. 성경도 인정합니다. 우리의 행실을 바꾼다는 것이, 죄악의

습관을 바꾼다는 것이 쉽지 않다는 것을 하나님도 아십니다. 성경이 그 사실을 기록합니다. 그러나 극복할 수 없는 범죄란 없습니다. 여기에 하나님의 은혜가 있습니다. 그분이 나를 용서하실 뿐만 아니라 다시는 이 범죄에 빠지지 않고 일어나 새로운 삶을 출발할 수 있는 가능성과 능력과 새 힘을 공급하십니다. 여기 범죄의 현장 속에 주께서 주시는 큰 은혜가 있습니다. 이 큰 사랑, 큰 은혜를 의지하고 새롭게 사시지 않겠습니까?

11
이삭과 이스마엘

"아이가 자라매 젖을 떼고 이삭의 젖을 떼는 날에 아브라함
이 대연을 배설하였더라 사라가 본즉 아브라함의 아들 애굽
여인 하갈의 소생이 이삭을 희롱하는지라 그가 아브라함에
게 이르되 이 여종과 그 아들을 내어쫓으라 이 종의 아들은
내 아들 이삭과 함께 기업을 얻지 못하리라 하매 아브라함이
그 아들을 위하여 그 일이 깊이 근심이 되었더니 하나님이
아브라함에게 이르시되 네 아이나 네 여종을 위하여 근심치
말고 사라가 네게 이른 말을 다 들으라 이삭에게서 나는 자
라야 네 씨라 칭할 것임이니라 그러나 여종의 아들도 네 씨
니 내가 그로 한 민족을 이루게 하리라 하신지라"(창 21 : 8
~13).

처음 신앙을 가질 때, 우리는 보통 예수를 믿게 되면 우리의 옛 모습을 완전히 다 청산하고 새로운 삶을 살아가게 될 것을 기대합니다. 사실 예수 그리스도께서 우리의 구주와 주님이 되셨을 때에 우리의 마음 속에는 죄를 사함받은 커다란 기쁨과 영생을 얻은 감격과 또 생의 영원한 목표를 갖게 된 것에 대한 감사가 있습니다. 인생의 가치관도 새로워지고 삶을 보는 관점도 달라진 것이 사실입니다. 하지만 멀지 않아 우리는 우리 안에 아직도 존재하고 있는 낡은 성품과 옛날의 습관 등을 발견하면서 놀라워하고 동시에 충분히 변해야 할 만큼 변하지 못한 자신을 바라보고 고민하게 됩니다. 바로 이것이 본문에 나타난 이스마엘과 이삭의 사건입니다.

1. 이삭의 출생

본문에 보시면 드디어 이삭이 출생합니다. 아브라함에게는 얼마나 오랜 기다림이었습니까?
하나님께서 그에게 아들을 주신다고 약속한 이래로 지금까지 흘러간 기간이 약 25 년이나 되었습니다. 25 년간 그는 기다린 것입니다. 그런데 그 기다림이 드디어 성취되는 장면이 본문의 사건입니다.
　하나님이 하실 수 없는 것 한 가지가 있습니다. 그것이 무엇인 줄 아십니까?
우리가 하나님은 늘 전능하시다고 말을 합니다만, 하나님이 못하시는 것이 한 가지 있습니다. 그것은 하나님은 거짓말을 못하신다는 것입니다.

　민수기 23 장에 보면「발람의 노래」라는 아주 아름다운 노래가 있습니다. 발람이 발락에게 노래한 것입니다.
"하나님은 인생이 아니시니 식언(食言)치 않으시고 인자(人子)가 아니시니 후회가 없으시도다 어찌 그 말씀하신 바를 행치 않으시며 하신 말씀을 실행치 않으시랴"(민 23:19).

과거 어떤 정치인이 말한 것처럼, 그분은 한다면 하시는 분입니다. 우리 사람에게는 식언도 있고 또 실언도 있고 거짓말도 있지만 그분은 그 말씀하신 바를 행할 수밖에 없는 진실하신 하나님이시라는 사실입니다. 이것은 성경 전체를 통해서 드러나고 있는 하나님의 하나님 되심에 관한 중요한 속성 가운데 하나입니다. 디도서 1 장 2 절에서 바울은 하나님을 가리켜 "거짓이 없으신 하나님"이라고 증언하고 있습니다. 또 히브리서 6 장 18 절에서도 "거짓말을 하실 수 없는" 하나님을 증언합니다.

하나님이 아브라함에게 아들을 주신다고 하셨으니까 주셔야만 합니다. 그리고 그분은 드디어 주셨습니다. 아브라함이 생각한 것처럼 그렇게 빨리 아들이 주어지지는 않았을지 모릅니다. 너무나 오랜 기다림 때문에 아브라함은 지쳐 있었고, 그래서 거의 포기한 것도 사실이며, 이 기간 동안에 아브라함이 넘어지는 경험도 우리는 보아왔습니다. 그러나 본문은 이렇게 시작합니다.

"여호와께서 **그 말씀대로** 사라를 권고하셨고 여호와께서 **그 말씀대로** 사라에게 행하셨으므로"(창 21:1).

말씀하신 대로 그분이 행하셨다는 사실이 강조되고 있습니다. **이삭의 출생, 이것은 한 마디로 말해서 하나님의 성실성에 대한 증거입니다.** 하나님의 성실성을 증언하는 사건입니다.

물론 우리는 하나님께 이렇게 묻고 싶어집니다.

"하나님, 그런데 왜 그렇게 빨리 응답지 않으셨습니까?"

거기에는 아브라함을 기다리게 하시는 동안에 하나님이 그의 삶을 통해서 성취하기를 원하시는 하나님 자신의 목적이 있었을 것입니다. 우리는 그동안 아브라함이 자주 넘어지고 쓰러지면서도 그러나 그 여러 가지 경험을 통해서 아브라함이 성숙하는 모습을 지켜보았습니다.

무엇보다 이 기다림의 기간 동안에 아브라함은 '기도가 무엇인가'하는 교훈을 배웁니다. 아브라함은 하나님을 신뢰하고 기도하는 가운데 드디어 약속하신 그대로 아들 이삭이 출생하는 놀라움의 사건을 경험합니다. 아브라함 편에서는 완전히 아들을 얻을 수 있는 희망이 끊어진 인간적인 절망의 그 순간에 이 하나님의 기적이 시작되었고, 드디어 그는 아들 이삭을 얻습니다. 이삭을 받고나서 아브라함의 마음 속에는 얼마만한 감격이 있었겠습니까?
25년만의 기다림의 성취입니다.

2. 사라의 웃음

"사라가 가로되 하나님이 나로 웃게 하시니 듣는 자가 다 나와 함께 웃으리로다"(창 21:6).
이것은 사라가 이삭을 낳고 한 말입니다. 간단한 이야기지만 얼마나 기막힌 이야기입니까?
"하나님이 드디어 나로 하여금 웃게 하신다. 듣는 모든 사람들이 나와 함께 정말 웃을 것이다."
그런데 이것이 사라가 처음 웃는 장면이 아닙니다. 그는 전에도 한번 웃었습니다. 하나님이 "내가 너희들과 약속한 그 약속을 망각한 것이 아니다. 네게 아들이 있을 것이다"라는 말씀을 하셨을 때 아브라함이 웃었고 사라도 속으로 웃었습니다. 그때의 웃음은 어떤 웃음이겠습니까?
그때의 웃음은 상당히 자조적인 웃음이었을 것입니다.
"하나님 정말 웃기시네요. 그럴 수가 있나요?"
굉장히 불신에 찬 어떤 자조적이고 회의적인 웃음이었을 것입니다. 그러나 드디어 아들을 낳아놓고 웃었던 이 웃음은 전날의 그 웃음과는 전적으로 그 질을 달리하는 웃음이었을 것입니다. 불신앙의 웃음이나 자조적인 웃음과는 전혀 차원을 달리한 아주 유쾌하고 감격적인 그 웃음이 드디어 이 사라의 입술에서 터져나옵니다. 누군가가 이야기했던 것처럼, 이것은 정말 마음 속 깊은 곳에서 우러나오는 기쁨의 웃음이었을 것입니다.

시편 126편에 보면 시편의 기자가 하나님의 놀라운 손길과 위대하신 역사를 체험한 후에 간증한 인상 깊은 고백문이 하나 적혀 있습니다.
"여호와께서 우리를 위하여 대사(大事)를 행하셨으니 우리는 기쁘도다"(시 126:3).
"주께서 내게 놀라운 일을 행하셨으니, 하나님의 놀라운 사건이 내 속에 일어났으니 내가 참으로 기쁘다."
이 하나님의 놀라우심의 사건을 체험한 다음에 우리가 진정으로 마음 깊은 곳으로부터 시원하게 터뜨리는 이 통쾌하고 유쾌한 웃음. 이것은 얼마나 아름다운 웃음의 장면입니까?

한 걸음 더 나아가서 이 사건은 하나님이 우리에게 일단 약속하신 그 약속은 결코 인간적인 웃음거리가 될 수 없다는 사실에 관한 아주 웅변적인 증언입니다. 그분은 드디어 약속을 지키신 것입니다.
아브라함이 생각한 때에 된 것은 아닐지 모릅니다. 사라가 기대한 그 시각에 된 것은 아니었을지 모릅니다. 그들은 이 기다림의 기간 동안에 상당히 지쳐 있었던 것이 사실입니다. 그러나 그분은 약속을 지키셨습니다.

이것은 또한 나보다 나를 더 잘 아시는 하나님이, 나보다 내 삶 전체를 바르게 바라보시고 판단하시는 하나님이 보실 때 가장 적절하고 적합한 때에 이루어진 일임을 우리는 주목해서 볼 필요가 있습니다.
하박국서 2장 3절에 보면 민족의 운명을 바라보며 하나님의 역사하심을 기다리고 있었던 하박국 선지자에게 주께서 임하사 그에게 주셨던 말씀이 기록되어 있습니다.

"이 묵시는 정한 때가 있나니 그 종말이 속히 이르겠고 결코 거짓되지 아니하리라 비록 더딜지라도 기다리라 지체되지 않고 정녕 응하리라."

이 말씀은 얼마나 사실입니까?

하나님의 모든 묵시는 그 묵시가 성취되는 정한 시각이 있습니다.

결코 거짓되지 아니할 것입니다. 그분은 약속대로 실행하실 것입니다. 비록 더딜지라도, 내가 원하는 그 시각에 하나님의 약속이 이루어지지 않는다고 할지라도, 어느 날 기도하는 시간에 주께서 내 마음 속에 주님이 그 일을 행하신다고 견고한 확신을 주셨음에도 불구하고 나를 둘러싸고 있는 이 상황이 도대체 변하지 않고 있을지라도 하나님은 말씀하십니다.

"기다리라. 지체되지 않고 정녕 응할 것이다."

드디어 그 약속을 주께서 실행하신 것입니다. 본문 1절의 말씀처럼, "여호와께서 그 말씀대로" 사라를 권고하셨고 "여호와께서 그 말씀대로" 사라에게 행하셨습니다. 여기서 하나님의 신실성의 그 영광스러운 나타남을 우리가 볼 수 있습니다.

3. 아브라함의 순종

성실하신 하나님을 이삭의 출생을 통해서 체험한 아브라함은 이제 하나님 앞에 응답합니다.

"그 아들 이삭이 난 지 팔일만에 그가 **하나님의 명대로 할례를 행하였더라**"(창 21:4).

성경은 그가 그냥 할례를 행했다고 기록하고 있지 않습니다. 할례를 행한 것이 왜 중요합니까?

하나님의 명(命)이 있었기 때문입니다. 주님의 말씀이 얼마나 사실인가를 자기 아들의 출생의 사건을 통해서 온 몸으로 체험했던 아브라함은 이제 주님의 말씀을 신뢰하고 순종하는 중요성을 깨달은 것입니다.

"그가 할례를 행하되 하나님의 명령대로 행하였더라."

그는 이삭의 출생 사건을 통해서 '하나님은 정말 진실하시구나. 약속대로 행하시는구나'라는 사실을 깨닫고 주님의 명령에 순종하는 것입니다.

"성실하다"는 말이 신약성경에 보면 이런 번역으로 기록되어 있습니다.

"만일 우리가 우리 죄를 자백하면 저는 **미쁘시고** 의로우사 우리 죄를 사하시며 모든 불의에서 우리를 깨끗케 하실 것이요"(요일 1:9).

"미쁘시다"는 말이 바로 "신실하시다"는 말입니다. 그분은 미쁘셔서, 그분은 그 약속 앞에 성실하셔서 약속한 그대로 우리를 용서하신다는 말씀입니다.

약속을 이루시는 하나님, 말씀대로 행하시는 성실하신 하나님을 체험한 후에 이 말씀에 순종하는 삶이 얼마나 소중하고 귀한 것인가를 깨달았던 아브라함. 이제 그는 주님의 명령대로 그 아들 이삭에게 할례를 행합니다. 이 장면은 아브라함으로 하여금 주님의 말씀을 더욱 순종하는 삶 속에 들어가도록 인도하고 있는 장면인 것입니다.

4. 이스마엘과 이삭의 갈등

드디어 이삭이 자라서 젖을 떼는 날이 왔습니다. 이에 아브라함은 큰 잔치를 엽니다. 이것은 하나님의 성실성을 찬양하는, 마침내 내게 크고 놀라운 일을 행하신 그 하나님의 아름다우심을 찬양하고 존귀케 하는 감격의 잔치입니다.

그런데 이 행복한 기쁨의 잔치석상에서부터 다른 한 사건이 일어나기 시작합니다. 무슨 사건입니까?

이제 이스마엘의 사건이 등장하기 시작하는 것입니다.

"사라가 본즉 아브라함의 아들 애굽 여인 하갈의 소생이 이삭을 희롱

하는지라"(창 21:9).
이때부터 본격적으로 이스마엘과 이삭의 갈등이 표면화되어 나타납
니다.

이때쯤 이스마엘의 나이는 아마도 16 세 혹은 17 세 가량 되었을
것입니다. 16 세, 17 세가 되는 동안 아버지 아브라함의 사랑을 온
몸으로 받아왔던 이스마엘. 그는 틀림없이 이 가정의 다음 상속주라
는 기대 속에서 자랐을 것입니다. 또 그런 암시를 아브라함도 주었습
니다. 그런데 어느 날 이삭이 태어난 것입니다. 이삭이 태어나자마자
온 집안 식구들의 관심이 이삭에게로 쏠립니다. 그 광경을 지켜보는
이 십대의 이스마엘은 어떤 생각을, 어떤 느낌을 가졌을까요?
모든 것이 무너져내림을 느꼈던 이 십대의 반항, 이유 있는 반항,
이해할 수 있는 반항이 필연적으로 그와 이삭의 갈등이라는 사건을
전개시키게 되는 것을 우리가 볼 수 있습니다.

한편, 이 광경을 바라보던 아버지 아브라함의 심정은 어떠했을까
요?
이삭이 태어나자 그토록 기뻐했던 아브라함. 큰 웃음과 큰 잔치로 하
나님의 성실성과 영광을 찬양했던 아브라함. 그러나 이제 똑같이 자
기의 아들들인 이삭과 이스마엘 사이에 갈등이 시작되는 이 장면을
목격합니다. 이 아브라함의 착잡한 심정을 당신은 이해하시겠습니
까?
"아브라함이 그 아들을 위하여 그 일이 깊이 근심이 되었더니"(창
21:11).
이 기쁨의 순간이, 유쾌한 웃음과 아름다운 잔치의 순간이 끝나기도
전에 아브라함의 마음 속에는 깊은 근심이 서리기 시작합니다.
그러나 하나님은 이것을 아셨습니다. 계속되는 말씀을 보십시오.
"하나님이 아브라함에게 이르시되 네 아이나 네 여종을 위하여 근심
치 말고 사라가 네게 이른 말을 다 들으라"(창 21:12).

당신은 여기 이삭의 사건과 나란히 등장하고 있는 이스마엘의 이 사건이 저와 당신에게 무엇을 교훈하고 있다고 생각하십니까? 이 근심의 원인이 누구 때문이라고 생각하십니까? 아브라함이 지금 근심하고 있는데 이 근심의 원인이 누구 때문입니까?

비로 자신 때문입니다.

하나님이 이스마엘을 낳으라고 하셨습니까?

이삭을 기다리지 못하고, 하나님이 약속하신 그 때를 기다리지 못하고 '이대로 있을 수 없다'는 생각에 아브라함이 자기의 잔꾀로 일을 저지른 것입니다. 그래서 하나님의 뜻과는 상관없이 저질렀던 그 일에 대한 대가를 그는 지금 지불하기 시작하는 것입니다.

이것은 자업자득(自業自得)입니다. 심는 대로 거두는 것입니다. 갈라디아서 6 장 7 절의 말씀처럼, 스스로 속이지 마십시오. 하나님은 만홀히 여김을 받지 않으십니다. 사람이 무엇으로 심든지 그대로 거둘 것입니다. 만약 육체를 위하여 심으면 육체로부터 썩어질 것을 거둘 것이고, 성령을 위하여 심는다면 성령으로부터 영생을 거두게 될 것입니다.

이스마엘은 아브라함이 육신적으로 행한 결과로 거둔 육신의 열매입니다. 하나님의 뜻을 떠나서, 성령의 인도하심을 떠나서 자기 멋대로 행한 자기 육신의 열매입니다.

여기서 "육신"이라는 말은 우리의 몸을 이야기하는 것이 아닙니다. 신약성경에 바울이 "육신"이라는 단어를 다룰 때에 그것은 "하나님의 뜻을 떠나 행하고자 하는 우리 마음 속의 부패한 성품"을 말합니다. 내가 그리스도인이 되었을 때 주께서 내게 새 생명을 주셨습니다. 우리가 영원한 생명을 선물로 받은 것이 사실입니다. 성령이 우리 안에 내주하시는 것도 사실입니다. 내 속에 새로운 성품이 시작된 것도 사실입니다. 그러나 아담에게서 물려받은 이 옛 성품, 죄를 향하고 부패를 향하고 그리고 죄를 즐기고 삶을 파괴시키는 일을 즐거워하는 이 파괴성이 우리 마음 속에 남아있는 것도 사실입니다. 그래서 우리가 하나님을 신뢰하면서도 끊임없이 우리 마음대로 하고 싶어하는 유혹을 느끼는 것입니다.

이 끊임없는 유혹의 현실을, 성령님과 내 육신의 생각이 서로 상충하며 갈등하고 있는 그리스도인의 고민을 우리가 이 아브라함의 사건을 통해서 생생하게 볼 수 있습니다.

육신의 일과 성령의 일의 첨예화된 갈등을 바울이 먼 훗날 어떻게 증언하고 있는지 갈라디아서를 보십시오.
"육신의 소욕은 성령을 거스리고 성령의 소욕은 육체를 거스리나니 이 둘이 서로 대적함으로 너희의 원하는 것을 하지 못하게 하려 함이니라"(갈 5:17).
여기 성령의 인도대로 살고 싶어하는 열망과 또 내 속에 있는 육체의 소욕대로 행하고자 하는, 그리스도인 안에 내재하고 있는 이 영적인 갈등의 장(場)이 말해지고 있습니다.

그런데 만약 우리가 우리 속에 있는 이 부패한 성품을 따라 육체대로 행할 것이면 육체의 열매를 거두게 될 것입니다. 보십시오.
"육체의 일은 현저하니 곧 음행과 더러운 것과 호색과 우상 숭배와 술수와 원수를 맺는 것과 분쟁과 시기와 분냄과 당 짓는 것과 분리함과 이단과 투기와 술 취함과 방탕함과 또 그와 같은 것들이라"(갈 5:19 ~ 21).
육체를 따라 행한 삶의 결실입니다.

아브라함이 처음에는 믿었습니다. 아들을 주신다는 약속을 믿었습니다. 그리고 그 약속에 의해서 살아가기를 원했습니다. 그러나 약속이 이루어지지 않습니다. 초조해집니다. '이대로 내 인생이 끝나는 것이 아닌가? 그대로 있을 수 없다'고 생각합니다. 그래서 기도와 상관없이, 하나님의 인도하심과 상관없이 자기 마음대로 일을 저질렀습니다. 그것이 이스마엘의 사건입니다. 이제 바야흐로 그 열매를 거두기 시작하는 것입니다.

갈라디아서 6 장 7 절을 다시 보십시오.

"스스로 속이지 말라 하나님은 만홀히 여김을 받지 아니하시나니 사람이 무엇으로 심든지 그대로 거두리라 자기의 육체를 위하여 심는 자는 육체로부터 썩어진 것을 거두고 성령을 위하여 심는 자는 성령으로부터 영생을 거두리라"(갈 6:7,8).

5. 하나님의 용서와 육신의 열매

당신은 하나님이 아브라함을 용서하셨다고 생각하십니까? 아니면 용서하지 않으셨다고 생각하십니까?

이 시점에서 하나님이 아브라함의 과거의 죄, 그러니까 이스마엘을 얻는 과정에 있어서 아내의 잘못된 충고를 소화하지 못하고 기도로 이 문제를 다루지 못하고 또 자기의 정욕과 계산에 의해 저지른 죄를 하나님이 용서하셨다고 생각하십니까?

성경에는 확실한 그 대답이 없습니다. 그러나 저는 개인적으로 용서하셨다고 믿습니다. 그 증거 중의 하나는 이스마엘과 이삭의 사건이 일어났을 때에 그것이 꼭 네 죄 때문이라고 하나님이 아브라함을 꾸중하지 않으신다는 사실입니다. 본문을 보면 이 사건을 다루시는 하나님이 상당히 아브라함을 위로하고자 하신다는 것을 엿볼 수 있습니다.

"아브라함이 그 아들을 위하여 그 일이 깊이 근심이 되었더니 하나님이 아브라함에게 이르시되 네 아이나 네 여종을 위하여 근심치 말고"(창 21:11,12).

이미 그렇게 된 것을 어떻게 하느냐는 말씀입니다. 하나님도 이해하셨습니다. 저는 용서하셨다고 믿습니다.

그러나 하나님이 용서하셨음에도 불구하고 많은 경우 우리는 과거의 잘못에 대한 대가를 지불해야 하는 일들을 얼마든지 우리의 삶의 장에서 만날 수 있습니다. 하나님이 용서하지 않으셨기 때문에 이 사건이 일어났다고 생각하지 마십시오. 용서하셨습니다. 그러나 엎지러진 물은 엎지러진 물입니다. 여기서 아브라함에게도 과거의 잘못에 대한 대가가 요구되어진 것입니다.

그러나 우리는 동시에 이 장면에서 이제 하나님이 아브라함을 위로하시며 아브라함을 회복시키시며 다시 일어서게 하시는 그 사랑의 역사를 주목해서 볼 필요가 있습니다. 사실 자세히 보시면 이 문제를 처리하는 과정에 있어서 아브라함이 하나님께 대한 아주 성숙한 반응을 보이고 있음을 알 수 있습니다. 그는 자기 아내와 싸움을 할 수도 있는 상황입니다.

"당신이 처음에 그렇게 하라고 제안해 놓고 이제 와서 그럴 수가 있소?"

이렇게 아브라함 대(對) 사라의 결투가 벌어질 수도 있는 상황입니다. 또 두 아들을 불러놓고 어느 한 편을 야단을 칠 수도 있는 상황입니다. 감정적인 반응이 가능했던 이 상황 속에서 그러나 아브라함은 대단히 침착하게 행동합니다. 그는 겸손히 하나님의 인도하심을 따라갑니다. 다시 말하면 그는 현실을 현실대로 수용하면서도 주님의 은혜를 따라가려는 겸손한 자세로써 반응하고 있는 것입니다.

저는 이 사건을 생각하면서 지나간 세기의 한 신학자가 드렸던 위대한 기도를 생각해 보았습니다.

"오 하나님!

내게 바꿀 수 있는 것을 바꿀 수 있는 용기를 주시옵소서.

또한 바꿀 수 없는 것은 그대로 받아들일 수 있는 용기를 주시옵소서.

그리고 이 두 가지의 차이를 헤아려 알 수 있는 지혜를 주시옵소서."

현실을 바꿀 수 있다면 바꾸어야 합니다. 바람직하지 못한 현실, 만족할 수 없는 현실, 그대로 받아들일 수 없는 현실을 우리가 우리의 노력과 의지를 통해서 바꿀 수 있다면 바꾸십시오.

그러나 우리가 바꾸지 못할 상황도 많습니다. 이미 잘못은 잘못입니다. 과거는 지나갔습니다. 과거의 잘못에 대한 대가를 지불해야 하는 현실을 현실 그대로 우리는 주목할 수밖에 없습니다. 이스마엘이 태어났는데 그냥 장사지낼 수는 없지 않습니까? 하갈을 쫓아보낼 수는 없는 것이 아닙니까?

현실은 현실입니다. 이제는 바꾸어지지 않는 이것에 대해 우리는 또한 그대로 받아들일 수 있는 용기를 달라고 기도할 필요가 있습니다.

그리고 아울러 그 두 가지의 차이를 헤아려 알 수 있는 지혜가 필요합니다.

아브라함은 굉장히 성숙하게 이 사건에 반응합니다. 침착하게 사건을 처리하는 그 모습이 인상적으로 다가옵니다.

6. 이 사건이 주는 교훈

이스마엘과 이삭의 이 사건은 우리에게 하나님의 성실성과 아브라함의 불성실에 대한 극명한 대조를 보여주는 사건입니다. 이삭은 **하나님의 성실성에 대한, 그분은 약속대로 행하신다는 이 성실성에 대한 교훈을 남깁니다.**

이스마엘은 **이 하나님의 성실한 약속을 신뢰하고 기다리지 못하고 성급하게 자기의 뜻대로 행했던 인간 아브라함의 불성실성에 대한 교훈을 남깁니다.**

이 상징적인 두 개의 교훈을 주목해 보십시오.

하나님은 성실하십니다. 그러나 성실하신 이 하나님을 신뢰하면서도 여전히 불성실하게 살고 있는 우리의 자화상을 우리는 이스마엘의 얼굴을 통해서 발견할 수 있지 않습니까?

우리는 이 사건을 혹은 이렇게 말할 수도 있습니다. 이삭의 사건은 성령을 따라가는 삶을 나타냅니다. 하나님의 인도를 따라가는 삶, 주님의 약속을 붙들고 따라가는 삶. 그래서 이러한 삶이 가져오는 통쾌한 웃음, 아름다운 자유, 놀라운 기쁨이 바로 이삭의 교훈입니다.

그리고 이스마엘의 교훈은 주님의 뜻을 기다리지 못하고 내 마음대로 살았더니 내게 어차피 찾아올 수밖에 없는 이 근심과 갈등과 초조와 불안과 번뇌를 나타낸다고 할 수 있습니다.

당신의 삶은 아직도 아스마엘을 낳고 있는 것은 아닌지요?

성실하신 주님의 약속을 기다리지 못하고 하나님보다 앞서 행한 이 삶의 교훈을 배우시기 바랍니다.

그런 의미에서 죠지 뮬러의 이 교훈은 얼마나 우리에게 인상적인 교훈으로 다가오는지요?

그의 일생의 좌우명은 이것입니다.

"앞서지 말자. 결코 앞서지 말자. 하나님보다, 기도보다, 성령보다 앞서지 말자."

이삭과 이스마엘! 이 하나님의 성실성과 인간의 불성실성! 성령을 따라 살아가는 삶의 자유와 육신을 살아가는 삶의 초조와 불안! 이삭과 이스마엘은 아직도 우리의 삶의 현장에 살아 있습니다. 당신의 이스마엘은 무엇입니까?

주님의 약속을 기다리지 못하고, 성실하신 주님을 신뢰하지 못하고 아우성치다가 넘어지는 이 누추하고 너절한 나 자신의 모습 이스마엘은 우리의 삶의 장(場)에도 도사리고 있는 우리의 고민입니다. 내 육체의 열매인 것입니다.

오 하나님!

주님을 의지하고 살아가는, 성령을 따라 살아가는 이 삶의 자유와 평안과 풍성함을 깨닫게 하옵소서.

12

이삭을 바치라

"그 일 후에 하나님이 아브라함을 시험하시려고 그를 부르시
되 아브라함아 하시니 그가 가로되 내가 여기 있나이다 여호
와께서 가라사대 네 아들 네 사랑하는 독자 이삭을 데리고
모리아 땅으로 가서 내가 네게 지시하는 한 산 거기서 그를
번제로 드리라 아브라함이 아침에 일찍이 일어나 나귀에 안
장을 지우고 두 사환과 그 아들 이삭을 데리고 번제에 쓸 나
무를 쪼개어 가지고 떠나 하나님의 자기에게 지시하시는 곳
으로 가더니 제 삼일에 아브라함이 눈을 들어 그곳을 멀리
바라본지라"(창 22 : 1~4).

삶 의 꿈이 성취되고, 그동안 고통스러웠던 인생의 숙제가 다 풀려 해결되고, 이웃의 존경과 신뢰를 회복하며 오랫만에 참으로 발을 뻗고 잘 수 있다고 느끼던 어느 날, 갑자기 이 행복을 깨는 청천벽력 같은 불행과 아픔이 엄습해 온 일을 겪어 보신 적이 계신지요?

본문에 나타난 아브라함의 상황이 그런 상황입니다.

1. 하나님이 허락하신 시험

창세기 21 장의 아브라함의 모습은 오래 전부터 주(主)께서 언약하셨던 그 약속의 아들 이삭을 드디어 얻고 기뻐하는 모습이었습니다. 이것은 얼마나 커다란 쾌재요 행복입니까?

또 복잡했던 이스마엘이라는 다른 아들과의 문제도 가까스로 잘 해결하여 매듭을 지었습니다. 이웃 나라의 왕 아비멜렉도 아브라함에게 사실상 굴복하고 그와 평화 조약을 체결하여, 아브라함이 살고 있는 삶의 영토에는 오래간만에 진정한 의미에서 평화가 찾아왔습니다.

아브라함의 생애에서 가장 번영과 안정과 평안을 누리고 있었던 때에 어느 날 아브라함은 청천벽력 같은 하나님의 음성을 듣게 됩니다.

"네 아들 네 사랑하는 독자 이삭을 데리고 모리아 땅으로 가서 내가 네게 지시하는 한 산 거기서 그를 번제로 드리라"(창 22:2).

이 사건의 교훈은 도대체 무엇입니까?

우리는 이삭을 바치라는 한 이 사건이 하나님이 아브라함을 시험하신 사건이라는 것을 잊지 말아야 합니다. 본문은 이렇게 시작됩니다.

"그 일 후에 하나님이 아브라함을 「시험(test)하시려고」 그를 부르시되 …"(창 22:1).

이것은 하나님이 아브라함을 시험하신 사건입니다.

□ 시험과 유혹

"시험"과 "유혹"은 다릅니다. 우리말 성경에는 이 "시험"이라는 단어와 "유혹"이라는 단어가 구별없이 똑같이 "시험"이라고 번역되어서 기록된 예가 더러 있습니다. 영어성경에서는 test 라는 "시험"과 temptation 인 "유혹"이라는 단어가 대단히 조심스럽게 구별되어 사용되고 있습니다.

시험과 유혹이 어떻게 다릅니까?

시험은 하나님께로부터 오는 것입니다. 하나님이 시험을 내리는 것입니다. 그러나 **유혹이란 마귀로부터 오는 것입니다.**

시험이란 대체로 나의 잘못과 상관없이 어느 날 내 삶 속에 갑자기 들이닥치는 사건을 말합니다. 그러나 유혹이란 대부분 내 개인의 욕심 때문에 출발하고 시작됩니다.

시험은 궁극적으로 그 사람을 유익하게 하기 위해서 하나님이 허락하시는 것이므로 언제나 건설적이며 교육적인 목적이 그 배후에 있습니다. 그러나 유혹은 언제나 파괴적입니다.

하나님은 우리를 시험하시지만 유혹하지는 않으십니다. 야고보서의 "하나님은 친히 아무도 시험하지 않으신다"(약 1:13)는 말씀은 test (시험)를 말하는 것이 아니라 temptation (유혹)을 의미합니다. 즉, 하나님은 사람들을 유혹하시지 않는다는 말씀입니다.

그러나 하나님이 사람들에게 종종 시험을 허락하시는 것을 우리가 볼 수 있습니다. 학교에서 선생님이 학생들에게 시험을 치르는 것을 우리가 부정적인 시각으로 볼 수는 절대로 없습니다. 학생을 골탕먹이거나 망하게 하려고 시험을 치르는 선생님은 없습니다. 시험은 학생들을 사랑하고 그들의 유익을 도모하기 위한 선생님의 배려인 것입니다. 또 실제로 이 시험을 통해서 학생들은 '내가 이 분야에서는 실력이 부족하구나. 더 열심히 해야겠다'라는 자기 평가와 자기 발전을 도모하는 계기를 가질 수 있습니다.

이런 목적 때문에 하나님도 우리에게 시험을 허락하십니다. 그래서 이렇게 말씀합니다.
"너희가 여러 가지 시험을 만나거든 온전히 기쁘게 여기라"(약 1:2).
같은 이유에서 하나님은 오늘 당신을 시험하고 계실 수 있습니다. 이 세상에서 삶을 사는 모든 인생들에게 이 시험은 불가피하게 찾아오는 것입니다. 본문의 사건도 그런 의미에서 하나님이 아브라함을 시험하신 사건입니다.

2. 감당할 만한 시험

또한 기억해야 할 사실은 이 시험은 감당할 만한 시험이었다는 사실입니다. 이것은 감당할 만한 시험이었습니다. 본문에서 시험이 허락되는 때를 주목해서 보십시오. 무슨 단어로 시작합니까?
"그 일 후에."
이것은 좁게 말하자면 창세기 21 장의 사건 이후입니다. 또 넓게 말하자면 아브라함이 갈대아 우르에서 불러냄을 받아 가나안 땅으로 온 이후인, 창세기 12 장에서부터 21 장까지의 그 여러 가지의 사건들을 겪은 이후를 의미합니다.

"믿음의 조상 아브라함"이지만 우리가 지금까지 살펴보았던 대로 아브라함도 별 수 없이 저와 당신과 마찬가지로 많이 넘어졌습니다. 타락도 했습니다. 실수도 했습니다. 잘한 일도 있었지만 잘못하기도 했습니다. 일어서기도 하고 넘어지기도 하고 자빠지기도 하면서 아브라함은 지금까지 살아왔습니다. 그러나 그 모든 인생의 평지와 계곡과 사막과 광야를 걸어오는 동안에 아브라함은 많은 교훈을 배웠던 것입니다. '어떻게 하나님을 의지하고 살아갈 수 있는가'라는 신앙의 삶에 대한 교훈을 절실한 체험을 통해서 배울 수 있었습니다.

"그 일 후에."
이 모든 사건 이후에 이 시험이 이루어집니다.

만약 아들을 바치라는 이런 시험이 아브라함 생애의 초기에 주어
졌다면 어떻게 되었을까요?
아마 아브라함은 이 시험을 감당할 수 없었을 것입니다. 충분히 훈련
시키시고 충분히 연단시키신 다음에 그래서 그가 감당할 만한 지점
까지 왔을 때 하나님이 그의 생애의 마지막 절정이라고 할 수 있는
이 시험을 허락하십니다.

등산을 가르치는 교관이 초보 산악인들에게 여러 형태의 낮은 산
과 암벽을 오르는 연습을 시킨 후에 마침내 높은 산의 정상에 도전하
도록 허용하는 것을 우리가 볼 수 있습니다. 얕고 좁은 강에서 수영
을 하고 익숙해졌을 때 우리는 드디어 현해탄을 건너는 대 모험에 자
신을 던질 수 있습니다. 이 작고 낮은 많은 시험의 계곡과 광야를 거
치는 동안에 아브라함은 확실히 강해졌습니다. 삶의 폭풍우를 견디
는 훈련, 인생의 유혹 앞에 맞서는 훈련, 그리고 하나님 앞에서 정결
하게 사는 훈련을 통해서 그는 마침내 주님을 의지하고 살아가는 삶
의 본질이 무엇인가를 배울 수 있었던 것입니다. "그 일 후에" 이 시
험이 주어진 것입니다.

바울은 시험에 대해 이렇게 말합니다.
"사람이 감당할 시험밖에는 너희에게 당한 것이 없나니 오직 하나님
은 미쁘사 너희가 감당치 못할 시험당함을 허락지 아니하시고 시험
당할 즈음에 또한 피할 길을 내사 너희로 능히 감당하게 하시느니라"
(고전 10:13).
아브라함에게 좀더 일찍 이 시험이 주어졌더라면 도저히 그는 감당
할 수 없었을 것입니다. 우리는 그가 특별한 인간이어서 이 시험을
감당한 것이 아니라, 많은 연단 끝에 드디어 그가 이 시험을 감당할
만할 때 주께서 주셨다는 사실을 망각하지 말아야 합니다.

특별히 본문에서 "그 일 후에"라고 말씀하고 있는데, 21장의 마지막 사건 직후에 아브라함은 굉장히 중요한 교훈을 한 가지 배웁니다. "아브라함은 브엘세바에 에셀나무를 심고 거기서 영생하시는 하나님 여호와의 이름을 불렀으며"(창 21:33).

이제 아브라함은 처음으로 그리스도인이라고 말할 수 있습니다. 그는 하나님에 관해서 누가 가르쳐 주는 사람도 없이 자기 몸으로 하나님을 배운 것입니다.

"하나님은 영생하시는 하나님이시다."

영원하신 하나님!

하나님은 그 당시의 가나안의 우상신들처럼 잠깐 있다가 없어지는 신이 아니라는 사실입니다. 우상의 신들은 다 그랬습니다. 제한된 신, 힘이 세어지기도 하지만 약해지기도 하는 그런 신들이었습니다. 그러나 하나님은 영원하신 하나님이고, 그리고 우리를 위해서 영원을 준비하시는 하나님이라는 것입니다. 이 하나님에 관한 놀라운 시각과 영원에 대한 깨달음을 주신 후에 하나님은 마지막 시험을 허용하십니다.

만약 이 영원을 내다보는 안목에 대한 훈련이 없이 아들 이삭을 바치라는 시험이 주어졌다면 아브라함은 어떻게 감당할 수 있었을까요?

그러나 이 영원을 바라다보는 시각을 주신 다음에 하나님은 마지막 시험을 허용하십니다.

이 세상이 전부라고 한번 생각해 보십시오. 이 세상밖에는 아무것도 없습니다. 살다가 죽어 없어지면 그것으로 끝납니다. 그것이 우리 인생의 전부라면 감히 자기 아들을 바칠 사람이 어디에 있겠습니까?

그러나 '이 삶이 전부가 아니다. 하나님 앞에 서야 한다. 영원자 앞에 서야 한다. 그분은 우리를 위해서 영원을 준비하셨다'는 이 시각을 아브라함은 가졌고, 그리고 그랬을 때에야 비로소 아브라함은 자기 인생의 이 어려운 시험도 능히 감당할 수 있었습니다.

그러므로 시험이 올 때 "하나님, 어찌하여 이런 시험을 주십니까?" 라는 질문보다는 "하나님의 뜻이 있어서 이런 시험을 주셨는데 내가 이 시험을 통해서 배워야 할 교훈이 무엇입니까? 그리고 어떻게 이 시험을 승리할 수 있습니까?"라고 묻는 것이 시험을 직면하는 그리스도인들의 마땅한 태도라고 정의할 수 있습니다. 이 시험은 감당할 만한 시험이었습니다.

3. 시험의 목적

하나님께서 왜 이 시험을 주셨을까요?
아브라함에게 이 시험을 허용하신 목적은 도대체 무엇이겠습니까? 결론부터 말씀드리면 아브라함으로 하여금 하나님을 절대적으로 신뢰하는 「절대 신뢰」를 배우게 하시기 위해서입니다. 그리고 하나님을 절대적으로 순종하는 「절대 순종」의 중요성을 가르치기 위해서입니다. 그리고 하나님을 절대적으로 사랑하는 「절대 사랑」을 가르치기 위해서입니다. 그리고 주 앞에 자기의 전생애를 바쳤을 때 하나님이 얼마나 놀라운 일을 하시는가라는 「절대 헌신」의 교훈을 가르치기 위해서 이 시험을 주셨다고 정리할 수 있습니다. **절대 신뢰와 절대 순종과 절대 사랑과 그리고 절대 헌신의 교훈이 아브라함 생애의 마지막에 하나님이 주셨던 시험의 배후에 숨어있는 목적입니다.**

① 절대 신뢰

사실 이삭을 바치라는 것은 인간의 상식으로 생각하기에는 불합리한 명령입니다. 우선 아들을 바치라는 명령 자체가 말도 안 되는 소리같이 들립니다. 그런데 여기서는 한 걸음 더 나아가서, 이삭이 어떤 아들입니까?

하나님이 직접 약속하시고 주신 아들입니다. 그래서 하나님의 기적적인 방법으로 태어나게 하셨고 장차 이 아들로 말미암아 하늘의 별처럼 바닷가의 모래알처럼 수많은 후손들이 생겨날 것이고 또 천하만민이 아브라함의 씨를 인하여 복을 얻을 것이라고 약속된 아들입니다. 그런데 이 아들이 죽는다면 어떻게 되겠습니까?
"하나님, 말도 안 되지 않습니까"라고 얼마든지 항변할 수 있는 상황입니다. 그런데 하나님은 바치라는 것입니다.
'아들을 바치면 아들은 죽는데 그러면 하나님의 약속은 어떻게 되는가?'
이런 심각한 갈등 속에서 아브라함은 고심했을 것입니다.

그러나 아브라함은 이 문제를 어떻게 해결합니까?
'바치라는 것이 하나님의 명령인데 바쳐야지. 그런데 바치면 하나님의 약속은 어떻게 되는가? 아니야. 하나님이 바치라고 하셨으면 그 다음도 책임지실 거야.'
하나님이 책임지시는 길은 하나밖에 없습니다. 다시 살아나는 것밖에 없습니다.
"하나님, 그러면 내 아들을 다시 살리시겠다는 말씀입니까?"
만약 이 두 가지 명령이 모두 하나님의 명령이라면 이 두 가지의 모순을 해소할 수 있는 답은 하나밖에 없습니다.
"내 아들을 바치라고 하시니까 바칩니다. 그러나 다시 살리셔야 합니다. 나는 하나님께서 내 아들을 다시 살리실 줄로 믿습니다."
이 어마어마한 믿음을 보십시오. 자기 아들의 부활에 대한 이 확고한 신뢰를 보십시오.

이것이 상상이 아니라는 신약성경적인 증거를 우리는 가지고 있습니다.
"아브라함은 시험을 받을 때에 믿음으로 이삭을 드렸으니 저는 약속을 받은 자로되 그 독생자를 드렸느니라"(히 11:17).

그는 하나님을 신뢰했습니다.

"하나님, 하나님의 뜻과 계획이 있으셔서 아들을 바치라고 하시는 줄을 제가 믿겠습니다."

계속되는 말씀을 보십시오.

"저에게 이미 말씀하시기를 네 자손이라 칭할 자는 이삭으로 말미암으리라 하셨으니 저가 하나님이 능히 죽은 자 가운데서 다시 살리실 줄로 생각한지라 비유컨대 죽은 자 가운데서 도로 받은 것이니라"(히 11:18,19).

그렇습니다. 아브라함은 그렇게 생각했습니다. 지금까지 역사 속에서 이런 사건이 없었습니다. 그러나 처음으로 부활을 신뢰하는 신앙이 탄생하는 놀라운 순간입니다. 절대의 신앙이 탄생하는 이 극적인 순간을 지켜 보십시오.

다시 본문으로 돌아와서 아브라함이 그렇게 믿었던 확실한 증거를 추적할 수가 있습니다. 창세기 22 장 5 절을 보십시오.

이제 모리아 산을 향해서 올라갑니다. 올라가기 직전에 자기 종들에게 아브라함이 지시합니다.

"이에 아브라함이 사환에게 이르되 너희는 나귀와 함께 여기서 기다리라 내가 「아이와 함께」 저기 가서 경배하고 너희에게로 「돌아오리라」 하고"(창 22:5).

다시 돌아온다는 이야기입니다.

"바치라고 하셨으므로 바치러 갑니다. 그러나 어찌되었건 하나님이 다시 주실 줄로 믿습니다."

절대 절명의 갈등의 상황 속에서 탄생한 이 부활에 대한 신앙, 이 절대의 믿음이 고백되는 이 놀라운 순간을 지켜 보십시오. 이 믿음에 대한 훈련을 위해서, 죽음 이후에 있는 부활에 대한 신앙까지 가르치시려는 놀라운 하나님의 계획 속에서 이 시험이 아브라함에게 주어진 것입니다.

"믿을 수가 있는가? 이 사건까지."

이 절대 신뢰에 대한 시험이었습니다.

② 절대 순종

우리는 이 명령을 받았던 그 밤의 아브라함의 고민을 다 짐작해 헤아
려 볼 수 없습니다. 얼마나 잠 못 이루는 밤이었을까요?
밤잠을 못 이루고 뒤척이며 고민하고 또 고민했을 것입니다. 고민이
없었다면 아브라함은 인간이 아닙니다. 그 밤의 고민을 한번 짐작해
보십시오.

　그런데 본문의 3절을 보십시오.
"아브라함이 아침에 일찍이 일어나…"(창 22:3).
아브라함은 아침 일찍 일어났습니다. 그리고 모리아 산을 향해서 아
들을 번제로 바치기 위해 출발합니다. 저라면 한 시간이라도 더 벌기
위해서 아침에 늦게 일어날 것입니다.
'내 사랑하는 아들과 이 한 시간이라도 더 있자.'
그러나 그는 아침에 일찍 일어나 결심했을 것입니다. 결단했을 것입
니다.
'순종하겠다. 지금까지 내 인생의 경험을 통해서 보여 주신 신실하신
주님 앞에 순종하겠다.'
자기 생애의 그 많고 많은 경험의 산맥들을 넘으며 아브라함은 순종
의 중요성을 배웠을 것입니다. 그래서 마침내 그는 인생의 가장 무서
운 시험의 순간에 이 순종을 시행합니다.
　아침 일찍 일어나 모리아 산을 향해서 걸어가는 이 아브라함의 행
진!
이것은 순종의 행진이요 순종의 길이 아니겠습니까?
이 놀라운 순종을 보십시오. 이것은 이기심을 뛰어넘은 순종입니다.
끈끈한 인간적인 정(情)을 뛰어넘은, 그보다 더 순종되어야 할 하나
님의 말씀과 명령 앞에 순종하는 아브라함의 모습을 지켜 보십시오.

사실 아브라함의 순종도 귀하지만 이삭의 순종도 귀하다고 생각됩니다. 이때쯤 이삭의 나이는 최소한 13 세 정도는 되었을 것입니다. 정확하게는 모릅니다. 또 최고 30 세까지로 볼 가능성도 있습니다. 분명한 것은 어린아이는 아니었다는 것입니다. 또 무엇을 지고 산에 올라가는 광경을 보아도 상당히 자랐다는 사실을 간단히 추측할 수 있습니다. 그러니까 저항할 수 있고 반항할 수 있는 나이입니다.

그런데 본문은 이삭이 반항한 흔적을 보여주지 않습니다. 끝까지 아버지 아브라함 앞에 순종적인 모습으로 제단에 드러눕는 이 이삭의 감동적인 모습을 지켜 보십시오. 마치 누구를 방불케 합니까? 먼 훗날 또 한 분이 한 산을 향해서 올라가십니다. 전 인류의 죄악을 담당하기 위해서 자기의 죄와는 상관없이 고난의 길을 걸어가시는 우리 주 예수 그리스도의 모습을 이 장면은 그려보게 해 줍니다. 마치 그분이 걸으셨던 비아 돌로라사(via dolorasa)의 십자가의 길처럼, 순종하기 위하여 묵묵히 걸어가는 이삭의 모습을 지켜 보십시오.

그러나 이 순종은 손해보지 않는 순종이었습니다. 그렇다고 해서 하나님이 이삭을 데려가셨나요?
아닙니다. 이것은 시험이었습니다. 순종의 시험이었습니다. 절대 순종의 시험이었습니다.

③ 절대 사랑

이 시험을 주신 목적은 또한 하나님과 아브라함 사이에 절대 사랑의 관계를 성립하기 위해서입니다. 이삭을 얻은 후에 자연히 이삭은 노년에 이르른 아브라함의 모든 관심의 초점이 되었을 것입니다. 어떻게 얻은 아들입니까?
이삭은 아브라함의 모든 것, 아브라함의 생명, 아브라함의 삶의 전부라고 말해도 과언이 아니었을 것입니다. 그러기에 이 이삭이 아브라함의 생애 속에서 우상이 될 수 있는 여지는 얼마든지 있습니다.

우상이 무엇입니까?

우상이란 무엇을 세워 놓고 거기에 절하는 것만이 아닙니다. **우상의 정의는 나의 창조자, 내 삶의 주인, 내 생명의 주인이신 하나님보다 내가 더 사랑하는 모든 것이 우상입니다.**

성경 전체를 통해서 가장 위대한 사랑의 교훈을 절실하게 가르치는 고린도전서 13 장은 사실 영적 은사들에 대한 기록의 장입니다. 하나님은 우리에게 여러 가지 은사를 주셨습니다. 14 장에 보면 방언과 예언에 대한 말씀을 하면서 그 사이에 13 장이 나오는데, 영적 은사를 더 깊게 사랑으로 사용하기 위하여 주어진 교훈이지 사랑 자체를 위해 기록된 것이 아님을 알 수 있습니다.

그러나 그보다 더 위대하고 더 아름다운 사랑의 장(章)은 요한일서 4 장입니다. 요한일서 전체가 사랑의 편지입니다. 하나님은 사랑이십니다. 우리가 그분을 사랑한 것이 아니라 그분이 우리를 사랑하사 독생자 예수 그리스도를 화목제로 보내셨다고 말씀합니다. 이 주님을 사랑하고 이웃과 형제를 사랑하는 것이 얼마나 중요한가, 요한일서 전체의 주제가 바로 이 "사랑"입니다. 하나님과 나 사이의 절대적인 사랑의 중요성을 강조합니다.

그런데 요한일서의 맨 마지막 구절을 기억하십니까?

그 구절은 이렇게 끝납니다.

"우상에서 멀리 하라"(요일 5:21).

이 전체 사랑의 교훈, 맨 마지막 교훈이 '우상을 멀리하라'는 것입니다.

우상이 있으면 내 시선이 하나님에게서부터 다른 곳으로 옮겨갑니다. 우상은 하나님과 나 사이에 끼어들어오는 모든 것입니다. 나의 하나님, 내 목숨의 심지와 불꽃을 지펴주신 이 하나님과 나 사이에 들어오는 모든 것이 바로 우상입니다.
"우상을 멀리하라."
왜 그렇습니까?
절대의 사랑을 그분이 주시기 위해서입니다. 그리고 나 또한 그분을
절대적으로 사랑하는 ㄱ 사랑의 관계를 원하기 때문입니다.
　그래서 주님을 배신하고 저주하고 떠나갔던 제자 베드로를 디베랴
의 바닷가까지 좇아오셨던 우리 주님은 베드로에게 무엇이라고 물으
십니까?
"요한의 아들 시몬아 네가 이 사람들보다 나를 더 사랑하느냐"(요
21:15).
주님보다 사랑하는 모든 것, 주님보다 더 사랑할 가능성이 있는 모든
사람이 바로 우상이 될 수 있습니다.

　이런 목적 때문에 주께서 우리에게 가르치십니다.
"아비나 어미를 나보다 더 사랑하는 자는 내게 합당치 아니하고 아들
이나 딸을 나보다 더 사랑하는 자도 내게 합당치 아니하고"(마
10:37).
사랑하지 말라는 말씀이 아닙니다. 오해하지 마십시오. 이 아들을 데
려가려고 그러시는 것이 아닙니다. 주셨습니다. 나중에 기쁨으로 다
시 되돌려 주셨습니다. 풍성하게 주셨습니다.
　그러나 하나님과 나 사이에 전체를 주고 전체를 받아야 할 이 절대
적인 사랑의 관계를 요구하시는 하나님 앞에서 자칫 잘못하면 우리
는 인생의 시선이 다른 곳을 향하기가 쉽습니다. 그것이 우상일 수가
있습니다.
　여기 나를 그렇게도 사랑하기를 원하시는 하나님, 이 절대의 사랑
의 관계 속에서 한평생을 가기를 요구하시는 하나님이 우리에게 이
절대 사랑의 시험을 내리십니다. 이것이 바로 이 시험의 성격입니다.
그리고 이 시험의 목적입니다.

④ 절대 헌신

하나님 앞에 절대적으로 자신을 바치고 헌신하기 위해서는 내가 죽지 않고서는 불가능합니다. 내 욕심에 대해서 내가 죽지 않고는, 내 이기심에 대해서 내가 죽지 않고는 불가능합니다. 그렇게 안하고 어떻게 주님 앞에 바치고 살 수 있습니까?

왜 주님은 헌신을 요구하십니까?

내가 헌신해야 나를 사용하실 수 있기 때문입니다. 내가 나를 드려야, 내가 나를 그분께 바쳐야 그분이 나를 쓰십니다. 그래서 아브라함을 복의 근원으로 사용하시며 모든 하나님의 백성들의 조상으로 삼으셔서 그를 통해서 역사의 드라마를 이루기를 원하시는 이 하나님의 놀라운 계획과 섭리가 아브라함에게 절대 헌신의 시험을 요구하는 것입니다.

이삭을 데리고 모리아 산으로 오르는 아브라함의 행진을 다시 한 번 생각해 보십시오. 이것은 누가 죽으러 가는 행진입니까?

이삭이 죽으러 가는 행진이 아닙니다. 이것은 아버지 아브라함이 죽으러 가는 행진입니다. 물론 이삭을 바치기 위한 행진이었습니다. 그러나 이삭을 바치러 가면서 누가 죽을 지경입니까?

아버지가 죽을 지경입니다. 이 사건은 아버지의 죽음을 요구하는 사건인 것입니다.

여기서 하나님의 도전의 목표는 이삭이 아니라 아브라함입니다. '이것까지 바칠 수 있는가? 네 자신 전체를 죽음의 제단 위에 바칠 수 있는가? 그리하여 내 손에 붙들림을 받아 영광스러운 삶의 드라마를 이루기 위하여 쓰임을 받을 수가 있는가?'

이것이 이 시험의 성격인 것입니다.

드디어 산에 도착했습니다. 이삭을 결박하고 제단에 올려놓았습니다. 칼을 빼들었습니다. 칼을 드는 그 순간, 이미 칼을 빼기 전에 더 깊이 열 번이나 아니 백 번이나 천 번이나 이 아브라함은 자신의 가슴을 찌르고 있었을 것입니다. 안 그렇습니까?

이것은 자신의 죽음입니다. 이렇게 자기 자신을 온전히 죽음의 자리에 두지 않고는, 내 의지와 이기심과 욕망에 대해서 죽어버리지 않고는 하나님의 온전한 쓰임을 받을 수 없다는 사실을 주께서 아셨기 때문입니다.

이것이 제자의 도리입니다. 그래서 그분은 모든 그리스도의 제자들에게 말씀하십니다.

"아무든지 나를 따라오려거든 자기를 부인하고 자기 십자가를 지고 나를 좇을 것이니라"(마 16:24).

이 절대 헌신의 시험이 주어집니다.

칼을 빼었습니다. 그 순간 말씀하십니다.

"멈추어라 아브라함아! 네 심정, 네 마음을 알았다. 네가 이 시험에 통과했다. 이제 네 손에 이 역사를 바꾸는 놀라운 드라마를 맡기마. 복의 근원이 되어라. 역사를 바꾸어라."

"너를 위하여 살지 말고, 네 이기심의 만족을 위하여 살지 말고 하나님의 나라를 위하여 살아야 해."

그리고 위대한 목적을 위해서 아브라함을 쓰시는 이 하나님의 멋진 손길을 보십시오.

이것은 절대 헌신의 시험입니다. 하나님은 마침내 아브라함을 여기까지 이끄신 것입니다. 절대적으로 하나님을 믿고, 절대적으로 순종하고, 절대적으로 사랑하고, 절대적으로 헌신하는 이 지점까지 하나님은 아브라함을 끌고오신 것입니다.

우리가 참으로 하나님의 사람다운 사람이 되기를 원한다면 하나님은 기어이 우리의 생애 속에 이 시험을 내릴 것입니다. 성격은 다릅니다. 이렇게 아브라함처럼 아들을 요구하시지는 않아도 다른 모습으로, 다른 색깔로 하나님은 내게 시험을 주셔서 마침내 나로 하여금 이 지점까지 끌고오실 것입니다. 내가 절대적으로 그분을 신뢰하고, 내가 절대적으로 그분께 순종하고, 절대적으로 그분을 사랑하고, 절대적으로 그분 앞에 헌신하는 이 수준까지 하나님은 나를 오게 하셔서 마침내 나의 생애를 하나님의 영광을 위해서 사용하실 것입니다. 이 놀라운 목적과 놀라운 계획을 위해서 하나님은 우리의 삶 속에 이 시험을 허락하십니다.

오늘 당신의 응답은 무엇입니까?
"요한의 아들 시몬아 네가 이 사람들보다 나를 더 사랑하느냐?"
이렇게 나에게 절대의 사랑을 요구하시며 그분은 절대의 사랑을 주고 싶어하시는 것입니다.
물론 살아가면서 우리는 자식과 남편과 아내와 끈끈한 애정을 맺으면서 살아갈 수밖에 없습니다. 그리고 그 사랑은 타당한 사랑이고 정당한 사랑입니다. 하나님은 가족 사랑의 중요성을 성경에서 충분히 가르치십니다. 그러나 우리가 이 사실만은 잊지 마십시다. 우리가 죽을 때 홀로 죽어야 한다는 사실만을 잊지 마십시다. 남편 없이 아내없이 홀로 죽어야 합니다. 자식 없이 홀로 죽어야 합니다. 그때의 나는 살아계신 내 창조주 앞에 혼자 서야 합니다. 그때 가장 중요한 질문은 "내가 그분과 어떤 관계를 맺고 살아왔는가?"입니다. 이 질문 앞에 당신의 응답은 무엇입니까?
먼저 이 우상을 깨어버리고 주님 앞에 믿고 순종하고 사랑하며 걸어가는 사람들의 삶의 복됨이여!
"하나님, 나에게 이 삶을 주시옵소서."

본서의 내용을 저자의 육성테이프로 들으시면, 생생한 현장감과 함께 활자에서 느낄 수 없는 또 다른 감동을 느끼실 수 있습니다. 원하시는 분은 전국 유명 기독교전문서점이나 본사에서 구입하실 수 있습니다 (문의 요망).

"신앙 생활,
의문점은
점점
많아지는데
누가
속 시원히
대답해 줄 수
없을까?"
▶

『진리발견시리즈』를 보십시오!

■ 이 시리즈를 구역이나
그룹별 성경공과로
사용하십시오.
■ 한글 제목은 1993. 2. 1.
현재 발행된 것이며,
영어 제목은
근간 예정 책입니다.

고유번호 01	하 나 님

0101 · 하나님이 계시다는 사실을 어떻게 알 수 있는가?

0102 · 하나님께서 나를 사랑하심을 어떻게 알 수 있는가?

0103 · What Is a Personal Relationship With God?

※ 계속 발행될 예정입니다.

고유번호 02	그 리 스 도

0201 · 그리스도께서는 하나님에 대하여 뭐라고 가르치시는가?

0202 · 왜 그리스도는 죽으셔야만 했는가?

0203 · 그리스도는 참으로 죽음에서 부활하셨는가?

0204 · 우리가 누구를 지도자로 삼아 살아야 하는가?

0205 · Who Is This Man Who Says He's God?

※ 계속 발행될 예정입니다.

고유번호 03	성 령

0301 · 어떻게 성령 충만한 생활을 체험할 수 있는가?

0302 · What About Speaking in Tongues?

※ 계속 발행될 예정입니다.

이동원 목사 설교집 안내

그리스도인의 실생활을 변화케 하는
감동의 메시지! 성경본문 중심, 무회 중심,
교회생활 변화 중심 설교!
강해설교의 귀감인 이동원 목사님의
설교집을 여기 당신 앞에 내놓습니다.

"지의 나경반서는 이동원 목사님의 설교를 책자와 테이
프로 보급하고 있습니다. 여기 제시된 책자들은 현재 테이
프로 제작되어 보급되고 있으며, 그 외 책으
로 출판되지 않은 설교도 현재 300 여종을 구비하고 있
습니다."

개혁주의 · 성경 공부 · 시리즈

알게 모르게 퍼져나간 『**개혁주의 성경공부 시리즈**』의 명성을 알고 계십니까?

◎ 한국 교계 최초의 구속사적 성경해석을 토대로 한 성경공부 교재입니다.

◎ 개혁주의 신조와 성경해석이 완벽한 조화를 이루었습니다.

◎ 한국 교계의 잘못된 신앙의 부문은 개혁하는 실천적 지침을 줍니다.

◎ 각 권마다 성경 전체를 꿰뚫는 통찰력을 줍니다.

당신의 **천국개념**
전통적인가, 성경적인가?
케리 인맨 저 / 이길상 역

당신의 **헌금방법**
전통적인가, 성경적인가?
잭 스코트 저 / 김재영 역

당신의 **예배생활**
전통적인가, 성경적인가?
폴 앵글 저 / 정광욱 역

당신의 **교회생활**
전통적인가, 성경적인가?
에드먼드 클라우니 저 / 서원교 역

당신의 **대환난개념**
전통적인가, 성경적인가?
윌리엄 R. 킴볼 저 / 김재영 역

당신이 **믿고있는 교리**
전통적인가, 성경적인가?
모던 스미스 저 / 최우성 역

당신의 **전도생활**
전통적인가, 성경적인가?
T. M. 무어 저 / 명종남 역

당신의 **선교에 대한 개념**
전통적인가, 성경적인가?
잭 스코트 저 / 김유리 역

당신의 **자녀교육**
전통적인가, 성경적인가?
브루스 레이 저 / 오화선 역

『**개혁주의 성경공부 시리즈**』를 통해

성경을 넓게 보고 깊게 보는 안목을 얻읍시다.

나침반社는
우리를 구원하신
아름다운 주님을
21세기 문명의
이기(利器)를 통하여 널리
전하고 싶습니다.

ISBN 89-318-1057-1

책번호 / 마 · 1135

믿음의 뿌리가 된 사람
아브라함

발행소 ● 종 합 선 교 - 나 침 반 社
NACHIMVAN MINISTRIES
(등록 1980년 3월 18일 / 제 2-32호)
편집 겸 발행인 ● 김 　 용 　 호
ⓒ1999 KIM YONG-HO

초판발행시 선교사역의 동참자들

김웅국 · 김종국 · 남희경 · 박상희 · 박윤정 · 박주남
박현주 · 안미성 · 유경문 · 유성희 · 이계복 · 이나리
이문숙 · 이부국 · 이선영 · 이지혜 · 이형석 · 이화연
임해선 · 최영오 · 최윤자 · 최은진 · 최종국 · 홍은주
(가, 나, 다…순)

연락처

· 우편/ 1 1 0 - 6 1 6 서울 광화문 사서함 1641호
K.P.O. BOX 1641, SEOUL, 110-616, KOREA
· E-Mail navan @ Chollian.net
· 우체국대체구좌 / 010041-31-1201888
· 은행지로번호 / 각은행 99번 창구 3000366번
· 전화 / 본사사무용(02)2279-6321~3
서점주문용(02)2606-6012~4
· 팩스 / 본사사무용(02)2275-6003
서점주문용(02)2606-6016

지은이 / 이 동 원

제 1 판 발행 / 1989년 12월 15일
제 12 판 발행 / 1999년 9월 15일

나침반 신간안내 / 전화사서함 (02)152 - 응답후 6322

기독교 종합정보 / PC통신 하이텔 · 천리안 · 나우누리 · 유니텔 GO NIC

값은 뒷표지에 있습니다. · PRINTED IN KOREA